静岡 日帰り0泊温泉

気軽に行ける湯ったり100泉

「たまには温泉に行ってのんびりしたい！」と思っても、
泊まりとなるとなかなか気軽には行けないものです。
そこで本書では、「0泊」でも満喫できる
県内の日帰り温泉施設を紹介します。
絶景自慢の風呂や、ランチやディナーが付いた
プチ贅沢な日帰り温泉プラン、
美肌に磨きをかける美人の湯、
貸切風呂が人気の施設など、多彩な湯処が満載。
さらに、温泉旅の途中で寄り道できる、
グルメ＆お土産情報も掲載しました。
この本を片手に、あなたも0泊温泉を楽しんでみませんか。

気軽に行ける湯ったり100泉

日帰り0泊温泉

《データの見方》

- 📞 …… 電話番号
- 🏠 …… 住所
- 🕐 …… 営業時間
- — …… 定休日(年末年始、お盆休み、GWの休みは省略しています)
- Ⓟ …… 駐車場
- …… 料金(日帰り入浴、貸切、セットプランの価格のほか、参考までに宿泊料金も記載。入湯税については省略しています)
- ♨ …… 開業年、風呂の種類(露天風呂、内湯、貸切風呂、その他の風呂について男女それぞれの数を記載。男女入れ替え制、混浴の記載もあります)
- 👟 …… 交通
- 🛁 …… 温泉のデータ(泉源など・泉質・pH値・湧出温度・湧出量・効能は、各施設に対するアンケートに基づいて掲載)

- ● 情報は2014年7月末現在のもので、営業時間、定休日、料金等は変更される場合があります。お出かけの際はあらかじめ問い合わせの上、お出かけください。
- ● 掲載写真は取材時のもので、内容が異なる場合もあります。施設写真は、各施設の提供によるものと、編集部撮影の写真を使用しています。
- ● 自家源泉を持つ、または源泉から引湯している施設は「泉源など」の欄に「源泉」と表記しました。

ひなびた風情に癒やされる レトロな隠れ湯

- 074 岡布袋の湯(伊東市)
- 076 河鹿の湯(伊豆市)
- 077 福島屋旅館(熱海市)
- 078 花舞 竹の庄(河津町)
- 079 金谷旅館(下田市)

0泊温泉旅④ 三ヶ日温泉編
- 080 知っておきたい温泉の基礎知識
- 084

おすすめ50泉
日帰り0泊温泉 まだまだあります。

- 090 ホテル水葉亭(熱海市)
- 091 陽気館(伊東市)
- 092 大東館(伊東市)
- 093 磯の湯(東伊豆町)
- 094 黒根岩風呂(東伊豆町)
- 095 熱川プリンスホテル(東伊豆町)
- 096 高磯の湯(東伊豆町)
- 097 稲取東海ホテル湯苑(東伊豆町)
- 098 伊豆見高入谷高原温泉(東伊豆町)
- 099 薬師の湯(河津町)
- 100 踊り子温泉会館(河津町)
- 101 クアハウス石橋旅館(下田町)
- 109 下田大和館(下田市)
- 101 休暇村南伊豆(南伊豆町)
- 101 みなと湯(南伊豆町)
- 101 銀の湯会館(南伊豆町)
- 101 石廊館(南伊豆町)

- 102 湯の国会館(伊豆市)
- 102 宙SORA 渡月荘金龍(伊豆市)
- 103 笹森(伊豆市)
- 104 ニュー八景園(伊豆の国市)
- 105 ホテル天坊(伊豆の国市)
- 106 駒の湯源泉荘(伊豆の国市)
- 106 湯〜トピアかんなみ(函南町)
- 107 赤井浜露天風呂(松崎町)
- 108 平六地蔵露天風呂(松崎町)
- 109 御宿しんしま(松崎町)
- 109 沢田公園露天風呂(西伊豆町)
- 110 伊豆クリスタルビューホテル(西伊豆町)
- 111 馬場温泉楠の湯(西伊豆町)
- 112 湯の花亭(伊豆市)
- 112 壱の湯(沼津市)
- 113 あしがら温泉(小山町)
- 113 御胎内温泉健康センター(御殿場市)
- 114 茶目湯殿(御殿場市)
- 115 大野路(裾野市)
- 116 新稲子川温泉ユートリオ(富士宮市)
- 117 湯ノ島温泉浴場(静岡市)
- 117 口坂本温泉浴場(静岡市)
- 118 大野木荘(静岡市)
- 119 白樺荘(静岡市)
- 120 三保園ホテル(静岡市)
- 121 ホテルアンビア松風閣(焼津市)
- 121 翠紅苑(川根本町)
- 122 接岨峡温泉会館(川根本町)
- 123 瀬戸谷温泉ゆらく(藤枝町)
- 124 さがら子生れ温泉会館(牧之原市)
- 124 森林乃湯(掛川市)
- 124 真砂館(掛川市)
- 124 ならここの湯(掛川市)

Yamanashi
Kanagawa
富士山恵みの湯(P11)
須走温泉 天恵(P70)
須走温泉
東名高速道路
足柄温泉
あしがら温泉(P112)
138
御殿場
御胎内温泉健康センター(P113)
御殿場JCT
茶目湯殿(P114)
新稲子川温泉ユートリオ(P115)
469
大野路(P115)
日航亭・大湯(P15)
山田湯(P16)
HOTEL MICURAS(P28)
森の城 美ing(P64)
福島屋旅館(P76)
御殿場線
裾野
新富士
富士
新富士
長泉沼津
52
新清水
沼津
三島
伊豆山温泉
ホテル水葉亭(P90)
東海道線・新幹線
1
清水西里温泉
やませみの湯(P24)
柏谷温泉
湯〜トピアかんなみ(P106)
熱海温泉
熱海
414
清水JCT
清水いはら
駿河健康ランド(P50)
網代温泉
平鶴(P22)
竹林庵みずの(P52)
清水JCT
伊豆長岡温泉
サンバレー伊豆長岡本館(P57)
ニュー八景園(P104)
ホテル天坊(P105)
駒の湯源泉荘(P106)
三保はごろも温泉
三保園ホテル(P118)
清水
伊東温泉
道の駅・海の駅 伊東マリンタウン「シーサイドスパ」(P71)
修善寺温泉
新井旅館(P26)
宙SORA 渡月荘金龍(P103)
宮湯(P104)
戸田温泉
壱の湯(P112)
船原温泉
船原館(P68)
陽気館(P91)
大東館(P92)
150
天下泰平の湯(P66)
吉奈温泉
東府やResort&Spa-Izu(P41)
青羽根温泉
湯の国会館(P102)
岡布袋の湯(P79)
土肥温泉
馬場温泉楠の湯(P110)
湯の花亭(P111)
136
伊豆高原の湯(P23)
花吹雪(P54)
湯ヶ島温泉
落合楼村上(P32)
白壁荘(P69)
河鹿の湯(P78)
135
赤沢日帰り温泉館(P06)
大川温泉
磯の湯(P92)
北川温泉
吉祥CAREN(P30)
黒根岩風呂(P93)
湯ヶ野温泉
福田家(P77)
宇久須温泉
西伊豆クリスタルビューホテル(P110)
大滝・七滝温泉
天城荘(P08)
熱川温泉
熱川プリンスホテル(P94)
高磯の湯(P94)
堂ヶ島温泉
清流(P10)
沢田公園露天風呂(P109)
414
稲取温泉
稲取赤尾ホテル海諷廊(P56)
稲取東海ホテル湯苑(P95)
松崎温泉
御宿しんしま(P108)
河津温泉
伊豆見高入谷高原温泉(P96)
136
雲見温泉・石部温泉
赤井浜露天風呂(P107)
平六地蔵露天風呂(P108)
峰温泉・谷津温泉
花舞 竹の庄(P74)
薬師の湯(P96)
踊り子温泉会館(P97)
大沢温泉
大沢荘 山の家(P46)
道の駅 花の三聖苑伊豆松崎「かじかの湯」(P71)
観音プリンシプル(P44)
下田温泉
下田ビューホテル(P34)
下田大和館(P98)
下賀茂温泉・弓ヶ浜温泉
休暇村南伊豆(P99)
みなと湯(P100)
銀の湯会館(P100)
石廊館(P101)
河内温泉・蓮台寺温泉
金谷旅館(P72)
クアハウス石橋旅館(P98)

気軽に行ける湯ったり100泉
静岡
日帰り
0泊温泉
index map
N
Nagano
Shizuoka
Aichi
飯田線
湯元屋「虹乃湯」(P
梅ヶ島温泉
赤石温泉
白樺荘(P118)
梅ヶ島新田温泉
黄金の湯(P62)
梅ヶ島コンヤ温泉
大野木荘(P117)
口坂本温泉
口坂本温泉浴場
(P117)
湯ノ島温泉浴場(P1
接岨峡温泉
接岨峡温泉会館(P120)
寸又峡温泉
美女づくりの湯
露天風呂(P47)
翠紅苑(P120)
白沢温泉
もりのいずみ(P25)
152
473
362
新静岡
川根温泉ふれあいの泉(P12)
静岡
伊太和里の湯(P58)
瀬戸谷温泉
瀬戸谷温泉ゆらく(P121)
静
ならここの湯(P124)
川根温泉
新東名
高速道路
藤枝岡部
焼津
浜名湖レーク
サイドプラザ
「万葉の滝」(P81)
浜松いなさ
JCT
あらたまの湯(P49)
浜松いなさ
1
島田金谷
257
三ヶ日JCT
浜松浜北
倉真温泉
真砂館(P123)
森掛川
吉田
三ヶ日
風と月(P59)
掛川
三ヶ日温泉
相良牧之原
焼津黒潮温泉
焼津グランドホテル(P3
ホテルアンビア
松風閣(P119)
浜松
磐田
袋井
浜松西
掛川
菊川
301
浜松
さがら子生れ
温泉会館(P122)
1
遠州浜温泉
森林乃湯(P122)
遠州 和の湯(P38)
雄踏温泉
浜名湖ロイヤルホテル(P20)
八扇乃湯(P48)
150
浜名湖弁天島温泉
HAMANAKO BENTEN RESORT THE OCEAN (P125)
浜名湖かんざんじ温泉
ホテル鞠水亭(P13)
舘山寺サゴーロイヤルホテル(P18)
華咲の湯(P124)

あっぱれ！眺望自慢の 絶景風呂

相模湾が見渡せる「大露天風呂」

驚きの大パノラマ！大海原との一体感が魅力

　空と海と温泉が一体化した、まるで大海原に浮かんでいるかのような気分が味わえる絶景風呂。それが化粧品・健康食品メーカーのＤＨＣが運営する日帰り温泉施設の「大露天風呂」だ。幅20ｍを超える風呂から見る大パノラマはまさに圧巻！一度は入ってみる価値ありだ。

　内湯はジャグジーやサウナのほか、ＤＨＣの入浴剤入りで肌がしっとりする「樽風呂」・「壺風呂」など種類も豊富。タオルの無料貸出はもちろん、ＤＨＣのアメニティーが用意されているのもうれしい。カップルやファミリーなら、岩風呂や檜風呂など４タイプが揃う露天風呂付き個室もお薦めだ。いずれの部屋・風呂からも大海原の絶景が独り占めできる。

1 美容成分入り入浴剤の風呂「DHCの湯」 2 露天風呂付き個室は入館料＋2700円（1時間）。1～6人で利用できる 3 約100畳の無料休憩処 4 レストランの人気メニューは、地魚4種の「磯丼」1620円

伊東市 ♨

赤沢日帰り温泉館《あかざわひがえりおんせんかん》

☎ 0557·53·2617
伊東市赤沢浮山170-2

- 10:00～22:00（最終入館21:00）※土·日曜、繁忙期は9:00～
- 休 無休※1·6月に休館日あり
- ¥【温泉】大人（中学生以上）1230円、子供（4歳～小学生）720円※土·日曜、繁忙期大人1640円、子供930円※0～3歳は大浴場利用不可
- ♨ 2003年開業 ●露天＝男1·女1 ●内湯＝男1·女1 ●貸切＝4（露天風呂付き個室4） ●その他＝ジャグジー·打たせ湯·寝湯·ジェットバス·ミストサウナ·ドライサウナ·DHCの湯（樽風呂·壷風呂）
- 東名沼津ICから59km／伊豆急伊豆高原駅から送迎バス15分

温泉Data

泉源など●源泉、循環、加温
泉質●カルシウム·ナトリウム·塩化物·硫酸塩泉
pH値●8.6（アルカリ性泉）
源泉温度●43.2℃
湧出量●毎分約150ℓ
効能●神経痛、打ち身、くじき、冷え症など

寄り道どころ

地場産の魚介パスタがお薦め

閑静な別荘地にあるイタリアンレストラン。毎朝富戸港から仕入れる魚介や、伊豆牛などの地元食材を使ったパスタが人気。ランチは1380円～。

ジュピター

☎ 0557·54·3736
伊東市八幡野1039-101
11:00～14:30、17:00～19:30
休 水曜、不定休あり ※ハイシーズンは営業の場合あり
P あり

パン好きが通う森のベーカリー

天然酵母で作る田舎風フランスパンや香り高いドイツパンなど、味わい深いパンが揃う人気店。写真は「スペイン産ハモンセラーノとエダムチーズのサンドイッチ」。パンは3種類から選べる。

ベーカリーカフェ
ル·フィヤージュ

☎ 0557·53·3953
伊東市八幡野1305-75
9:00～17:00
休 火曜
P あり

新設した「滝見の湯」※昼間の外湯利用は水着着用

伊豆の名瀑「大滝」を間近に望む大迫力露天

個性豊かな七つの滝「河津七滝」の一つ、「大滝」を眺めながら入る露天風呂「河原の湯」を求め、全国から温泉好きがやって来る人気の宿。5本の自家源泉から湧く豊富な湯は、適温のため加水をしない。館内の露天風呂や内湯はもちろん、天城の自然を活かした大庭園に点在する外湯にも引かれている。

幻想的な雰囲気の洞窟内にある「秘湯穴風呂」や「子宝の湯」など野趣あふれる外湯めぐりを楽しむのも一興。2014年7月には滝のすぐ近くに石造りの風呂を新設、滝の音や水しぶきがダイレクトに感じられると好評だ。

数々の温泉と敷地内の自然散策。その両方をゆったり堪能するには、客室休憩（4320円～）をプラスするのがお薦めだ。

1 滝の勢いに圧倒される元祖滝見風呂「河原の湯」 2 外湯の「子宝の湯」 3 本館の露天風呂「わすれものの湯」

河津町 ♨ 大滝・七滝温泉

大滝温泉

天城荘《あまぎそう》

0558・35・7711
賀茂郡河津町梨本359

- 10:00〜20:00
- 不定休
- 【温泉】手ぶらセット/大人（中学生以上）2000円、子供（小学生）1000円、未就学児500円※夜は大人2500円、子供1000円【個室休憩】4320円〜（3時間）【1泊2食】16150円〜
- 1958年開業 ●露天=2（男女入れ替え制）●内湯=4（男女入れ替え制） ●貸切=1 ●その他=外湯6（貸切1）
- 東名沼津ICから50㎞／伊豆急河津駅からバスで20分「大滝入口」下車徒歩すぐ

温泉Data

泉源など●源泉、かけ流し
泉質●アルカリ性単純温泉
pH値●8.4（弱アルカリ性泉）
源泉温度●40.5〜46.1℃
湧出量●毎分約620ℓ
効能●リウマチ、運動障害、神経麻痺、胃腸病、疲労回復など

寄り道どころ

ワサビ園の名物「ワサビ丼」

ご飯の上にカツオ節と、自分ですりおろした生ワサビをのせて食べる「ワサビ丼」550円はワサビ園ならでは。辛さだけじゃない、ワサビ本来の香りや甘みが味わえる。

わさび園かどや
0558-35-7290
賀茂郡河津町梨本371-1
9:30〜15:00LO
不定休
P あり

焼き鮎をのせた「河津鮎泣きそば」

ご当地新名物「わさびで泣かせ隊」シリーズの「あんバタわさこ」（菓子パン・250円）に続く第2弾が「河津鮎泣きそば」1200円。特注の麺に鮎醤油と鮎ラー油のタレをかけた辛そばだ。

七滝観光センター
0558-36-8263
賀茂郡河津町梨本379-13
8:30〜16:30
不定休
P あり

あっぱれ！眺望自慢の
絶景風呂

西伊豆町 ♨ 堂ヶ島温泉

海辺のかくれ湯

清流《せいりゅう》

0558・52・1118

賀茂郡西伊豆町仁科2941

12:00～最終入館17:00

無休

【温泉】大人（中学生以上）1000円、子供（3歳～小学生）500円 【1泊2食】18360円～

1981年開業 ●露天＝男1・女1 ●内湯＝男1・女1 ●貸切＝2（宿泊者専用） ●その他＝サウナ・ジャグジー・水風呂

新東名長泉沼津ICから75km／伊豆箱根鉄道修善寺駅からバスで90分／清水港から駿河湾フェリーで土肥港まで65分、バスで40分「堂ヶ島」下車徒歩5分

波打ち際の露天風呂で堂ヶ島の自然美を満喫

西伊豆の観光名所・堂ヶ島の海沿いに建つ旅館。手が届きそうなほど近くに海が迫る波打ち際の露天風呂と、そこから眺められる絶景が人気を呼んでいる。1日2回の干潮時に三四郎島までの道が現れる「トンボロ現象」や、海に沈む西伊豆の夕日など、その時間にここでしか楽しめない、とっておきの絶景をぜひ体験して。露天風呂は目の前に海が広がる開放的なロケーションのため、湯浴み着を着用しての入浴もOK。受付時にレンタルしよう。

温泉Data

泉源など	源泉、循環、加水 ※季節により加温
泉質	アルカリ性単純温泉
pH値	9.4（アルカリ性泉）
源泉温度	42℃
湧出量	毎分45ℓ
効能	神経痛、美肌、疲労回復、健康増進、筋肉痛、関節痛、五十肩など

1 海辺の露天風呂「海女」。男湯「漁夫」からもこの風景が楽しめる　2 風呂からも見える三四郎島のトンボロ現象　3「手作りところてん」300円は館内で食べられる。お土産用1000円もある

湯船に映る逆さ富士も楽しめる、富士見の湯

富士山の西麓、緑豊かな田貫湖畔に建つ「休暇村富士」の温泉。晴れた日には温泉大浴場から雄大な富士山を望め、運が良ければ湯に映り込む「逆さ富士」も拝める。まさに富士見の湯だ。肌にやさしくなめらかな泉質は女性の人気が高く、温泉と、富士山を眺めながらレストランで味わう会席のランチがセットになった「日帰り温泉ステキ旅」も、小旅行気分が楽しめると評判だ。家族やグループで、富士山ドライブを兼ねて出かけたい。

富士宮市 ♨

休暇村富士

富士山《ふじさん》恵みの湯《めぐみのゆ》

0544・54・5200

富士宮市佐折634

11:00～14:00（最終入館13:30）

休 火曜

【温泉】大人（中学生以上）650円、子供（4歳～小学生）300円【日帰り温泉ステキ旅】（入浴+昼食）2980円～（要予約）

2010年開業 ●内湯=男1・女1

新東名新富士ICから22㎞／JR富士宮駅からバスで45分「休暇村富士」下車すぐ

1 田貫湖に映るダブルダイヤモンド富士　2 釜飯や旬の小鉢が味わえる「日帰り温泉ステキ旅」の会席のランチ　3 目の前の富士山と湯船に浮かぶ逆さ富士、二つの富士山が楽しめる

温泉Data

泉源など	源泉、循環、加温（一部）、加水（一部）
泉質	アルカリ性単純温泉
pH値	9.8（アルカリ性泉）
源泉温度	26.3℃
湧出量	毎分56.1ℓ
効能	神経痛、筋肉痛、関節痛、五十肩、痔、冷え症、疲労回復など

あっぱれ！眺望自慢の
絶景風呂

1 2

島田市 ♨ 川根温泉

川根温泉《かわねおんせん》ふれあいの泉《ふれあいのいずみ》

☎ 0547・53・4330
島田市川根町笹間渡220

9:00〜21:00（20:30最終入館）

休 第1火曜（変動あり）

¥【温泉】大人（中学生以上）510円、子供（小学生）300円【プール】大人710円、子供300円【温泉＋プール】大人1020円、子供510円

♨ 1998年開業 ●露天＝男5・女4 ●内湯＝男1・女1 ●その他＝炭風呂・ひのき風呂

国1バイパス向谷ICから車で25分／大井川鐵道川根温泉笹間渡駅から徒歩5分

4

3

一度は入ってみたい SLが見える露天風呂

県内でもトップクラスの湧出量を誇る豊富な湯は、露天風呂やヒノキ風呂、炭風呂、内湯のほかプールゾーンにも使われている。男女11カ所の浴槽はすべて加水循環なしの「源泉かけ流し」。湯はやわらかで肌へ浸透しやすく、湯から出た後も湯冷めしにくいと評判だ。そしてここでしか見られない名物が、大井川鐵道のSLの勇姿。露天風呂や温水プールから眺められる。地元産の山の幸や手作りの菓子などが並ぶ売店も魅力。湯上がり後にのぞいてみては。

温泉Data

泉源など	源泉、かけ流し、加温（パイプ湯のみ）
泉質	ナトリウム-塩化物泉
pH値	7.6（弱アルカリ性泉）
源泉温度	48.7℃
湧出量	毎分730ℓ
効能	神経痛、筋肉痛、冷え症、あせもなどの皮膚症、関節痛、慢性消化器病など

1 SLは1日1往復走るが冬期は一部運休日があるので問い合わせを 2 香りが心地いい「ひのき風呂」のファンも多い 3 食事処のお薦めは「茶そば」580円。季節メニューも多数揃う 4 水着着用の「温水プールゾーン」もある

浜松市 ♨ 浜名湖かんざんじ温泉

ホテル鞠水亭《ほてるきくすいてい》

053・487・0531
浜松市西区舘山寺町398

12:00〜20:00

不定休

【温泉】大人（中学生以上）1080円、子供（3歳〜小学生）540円【貸切料金】3240円（50分）【ご湯るり0泊2食日帰りプラン】（入浴＋昼・夕食＋部屋休憩）大人9720円〜、子供7776円【1泊2食】10800円〜

1992年開業 ●露天＝男1・女1 ●内湯＝男1・女1 ●貸切＝2

東名浜松西ICから8㎞／JR浜松駅からバスで45分「浜名湖ベイストリート」下車すぐ

浜名湖の絶景と趣きある湯処を楽しむ

浜名湖を望む展望露天風呂が4種類。中でも天竜川の石を敷き詰めた「星のせせらぎ」は、まるで湖上の浮き舞台のよう。昼は浜名湖の爽やかな青、夜は満天の星空を仰ぎながら湯に浸かる贅沢な時間が待っている。「鞠（きく）の湯」・「碧（みどり）のやわらぎ」・「湖（うみ）の湯」からも大きな窓越しに絶景が望め、時を忘れてしまいそうだ。また2つの貸切露天風呂、畳敷きの「木もれびの湯」と、ジャグジーバス「たわむれの湯」（各50分3240円・入浴料別）も人気。

温泉Data

泉源など	源泉（一部）、循環、加温、加水
泉質	塩化物強塩泉
pH値	7.4（中性泉）
源泉温度	33.7℃
湧出量	毎分171ℓ
効能	神経痛、筋肉痛、関節痛、五十肩、関節のこわばり、慢性消化器病、痔疾、やけどなど

1 夜景も美しい「星のせせらぎ」
2 額縁に入った絵画のような風景が楽しめる「碧のやわらぎ」 3 本格ジャグジーのある貸切露天風呂「たわむれの湯」

O-haku Onsentabi 1

0泊温泉旅
熱海温泉編

Atami Onsen

湯のまち風情漂う熱海をぶらり散歩

日本三大温泉の一つに挙げられる熱海温泉。古くから湯治場として親しまれ、明治以降は歓楽街としても賑わった。そんな歴史ある温泉場特有の情緒こそ、熱海の最大の魅力だ。湧出量にも泉質にも恵まれた温泉に浸かり、共同湯や街の洋食店に立ち寄って、老舗の名物を堪能。名作「金色夜叉」の舞台となった海岸へも足を延ばして…。電車でも車でも気軽に行ける熱海は、0泊温泉旅にぴったりの場所だ。

「貫一・お宮の像」と「お宮の松」

熱海で最も有名な記念写真スポットがここ。海岸沿いに建つ、尾崎紅葉の名作「金色夜叉」に登場する貫一とお宮の別れの場面を表現した像だ。すぐ近くに2代目「お宮の松」が植えられている。

熱海市東海岸町15
Ⓟ あり

熱海温泉

日航亭・大湯《にっこうてい・おおゆ》

徳川家康公がお忍びで訪れたという、熱海を代表する源泉「大湯」。そんな由緒ある湯を堪能できる温泉施設がここ。館内は旅館を営んでいた昭和期の風情を色濃く残し、石庭を望む露天風呂、内湯のほか「貸切家族風呂」もある。

0557・83・6021
熱海市上宿町5-26

9:00~20:00
(休) 火曜(祝日営業、翌日休み)
【温泉】大人(中学生以上)1000円、子供(1歳～小学生)500円【個室休憩】2000円(2時間・5人まで)
1996年頃開業 ●露天＝男1・女1 ●内湯＝男1・女1 ●貸切＝1(家族風呂)
東名沼津ICから31km／JR熱海駅から徒歩12分

徳川家康ゆかりの名湯!

日替わりで男女が入れ替わる「露天風呂」

別途料金なしで入れる「貸切家族風呂」

温泉Data

源泉など●源泉、かけ流し
泉質●ナトリウム・カルシウム-塩化物泉
pH値●8.0(弱アルカリ性泉)
源泉温度●98.2℃
湧出量●1日18000ℓ
効能●神経痛、筋肉痛、五十肩、打ち身、くじき、冷え症、慢性消化器病など

30畳の休憩室。丼などの食事も注文できる

目の前にある「湯前神社」は1200年前の創建

「鶴吉羊羹抹茶セット」1000円

常盤木羊羹店茶房 陣《さぼう じん》

大正初期創業の老舗「常盤木羊羹店総本店」に併設されているカフェ。100年以上にわたって受け継がれてきた手練りにこだわった逸品「鶴吉羊羹」や、マカロン型の「AYAHIME最中」といった自慢の和菓子が宇治抹茶と一緒に味わえる。

柚子餡、抹茶餡など4種類がある「AYAHIME最中」各120円

0557・81・8633
熱海市銀座町9-13
10:30~18:00(17:30LO)
(休) 水・木曜 (P) なし

0泊温泉旅
熱海温泉編

O-haku Onsentabi 1

Atami Onsen

随所に使われたタイルが渋い「女湯」

共同浴場山田湯《やまだゆ》

0557•81•9635
熱海市和田町3-9

8:00〜11:00、15:30〜21:00

不定休

【温泉】大人（中学生以上）300円、子供（3歳〜小学生）150円、幼児（3歳未満）80円、洗髪料（女性のみ）プラス50円

1952年開業 ●内湯＝男1・女1

東名沼津ICから32km／JR熱海駅からバスで10分「所病院前」下車3分

温泉街から少し離れた住宅街にある、穴場的な共同浴場。3、4人入ればいっぱいのこぢんまりとした湯船といい、壁のタイル画といい、そこはまさに昭和のお風呂屋さんだ。

奥まった場所にあるのも、知る人ぞ知る感が増していい

「男湯」の壁には富士山のタイル画が描かれている

温泉Data

泉源など●源泉、かけ流し

泉質●カルシウム・ナトリウム-塩化物・硫酸塩泉

pH値●8.0（弱アルカリ性泉）

源泉温度●51.7℃

効能●神経痛、筋肉痛、関節痛、五十肩、運動麻痺、関節のこわばり、打ち身など

自然光が降り注ぐサンルーム

ステンドグラスの窓が印象的な「ローマ風浴室」

起雲閣《きうんかく》

富豪の別荘として建てられ、後に多くの文豪から旅館として愛された。大正から昭和を生き抜いた建物は有形文化財として一般公開されている。大正ロマン漂う洋館、日本建築の美しさが光る本館、離れなどを見ていると、時間が止まっているかのような不思議な感覚におちいる。

0557•86•3101
熱海市昭和町4-2

9:00〜17:00（最終入館16:30）

水曜（祝日営業）、12/26〜30日
※梅まつり期間中は無休

入館料／大人510円、中高生300円

Ⓟ あり

喫茶室で味わえる「抹茶と今月の和菓子」600円

干物と言ったら、
やっぱり「アジ」!

「海幸膳」2000円。干物はアジ、カマス、エボ鯛から選べる

海幸楽膳釜つる《かまつる》

5代続く老舗干物店直営の食事処。お薦めは好きな魚が選べる干物の定食。中でも刺身と干物の両方が味わえる「海幸膳」と、2種類の干物が楽しめる「干物定食」2160円の人気が高い。外はパリッと中はふんわり焼き上げた干物は絶品だ。

お土産用の干物は
1枚324円から

新鮮なカタクチイワシを天然塩で漬けた「アンチョビ」756円

☎ 0557・85・1755
⌂ 熱海市銀座町10-11
🕒 11:30～14:30(14:00LO)、17:00～21:00(20:30LO)
㊡ 水曜、第3木曜
Ⓟ あり

小沢の湯《こさわのゆ》

熱海の温泉街には「七湯」と呼ばれる古くからの源泉があるが、そのひとつがここ。入浴施設はないが、温泉の蒸気を利用して誰でも温泉卵を作ることができる。生卵は向かいの商店で購入可能。※天候や噴出状況によりできない場合あり

☎ 0557・86・6218(熱海市公園緑地室)
⌂ 熱海市銀座町14
㊡ なし
Ⓟ なし

ヒレ肉を使った「カツサンド」1000円は持ち帰りもOK

カレーレストラン宝亭《たからてい》

「カツカレー」が名物の地元民御用達の洋食店。昭和22年の創業以来受け継がれてきた味の決め手は、独自配合のスパイスと、じっくり炒めた大量のタマネギ。サクッと揚がった静岡県産豚肉「ふじのくにポーク」のとんかつとの相性は、言うまでもない。

ボリューム満点。
最強コンビ!

「カツカレー」950円。食べ進むにつれスパイスがじわっと効いてくる

☎ 0557・82・3111
⌂ 熱海市銀座町5-10
🕒 11:00～20:00(19:30LO)
㊡ 木曜
Ⓟ あり

浜名湖の絶景を望む露天風呂が2つ並ぶ「飛天」。夕暮れ時は特に美しい

心地いい解放感が魅力の露天風呂

美しい夕陽を望む地上40ｍの絶景風呂

天空から雄大な浜名湖を見下ろす絶景露天風呂「飛天」が人気。そこには「桧の露天風呂」と「畳の露天風呂」があり、どちらからも、浜名湖に沈む美しい夕陽が眺められる。また２０１４年７月には内湯に屋根付きの半露天風呂を新設。ここからも浜名湖の絶景が楽しめるので、心ゆくまで満喫しよう。同じフロアの湯上がりサロンでは、川根茶のサービスもあるのがうれしい。

入浴と夕食がセットになった「ふじのくに静岡グルメバイキング日帰り入浴プラン」は、県内産の食材をふんだんに盛り込んだ和・洋・中の料理やスイーツがすべて食べ放題。全国のご当地グルメや２カ月ごとに替わる旬のテーマ料理も楽しみだ。

1「展望パノラマ大浴場」の名にふさわしい景色が広がる 2「湯上りサロン舘山」 3入浴とセットで楽しめる「ふじのくに静岡グルメバイキング」

浜松市 ♨ 浜名湖かんざんじ温泉

舘山寺サゴーロイヤルホテル

かんざんじさごーろいやるほてる

☎ 053・487・0711
浜松市西区舘山寺町3002

11:00～17:00(最終入館16:00)

休 無休

【温泉】大人(中学生以上)1100円、子供(3歳～小学生)500円【ふじのくに静岡グルメバイキング日帰り入浴プラン】(入浴+夕食)大人4000円、小学生2500円、幼児(3～5歳)1500円【1泊2食】14040円～

♨ 1970年開業 ●露天=男2・女2 ●内湯=男1・女1 ●貸切=1(宿泊者専用)

東名浜松西ICから8㎞/JR浜松駅から送迎バスで45分・JR弁天島駅から送迎バスで25分

温泉Data

泉源など●源泉、循環、加温、加水
泉質●ナトリウム・カルシウム-塩化物強塩泉
pH値●7.92(弱アルカリ性泉)
源泉温度●33.7℃
湧出量●毎分171ℓ
効能●筋肉痛、関節痛、冷え症、疲労回復、切り傷、やけどなど

寄り道どころ

素朴なあんパンなどが人気

菓子パンから惣菜パン、食パンまで揃う「魔女の宅配便」のパン屋さんと同じ名前の店。パリッとした生地が魅力の「デニッシュ」138円～185円もお薦めだ。

ぐーちょきぱん
☎ 053・487・6288
浜松市西区庄内町330
7:00～19:00
休 月曜、第3日曜
P あり

中庭カフェでスイーツ&ドリンクを

国内外のガレットコンクールで数々の入賞経験を持つパティシエの作るスイーツはどれもオシャレで、季節ごとの旬の味覚も魅力。休日の夕方は売り切れご免に要注意。

お菓子の森
☎ 053・540・1187
浜松市西区和地町2949
カフェ/10:30～17:30
テイクアウト/10:30～18:00
休 木・金曜
P あり

「ラ・クーン」の露天エリアは開放的な造り

露天風呂が点在する バリ風リゾートで湯三昧

アロマの香りに誘われ足を踏み入れると、そこはまるでバリのリゾート。オリエンタルモダン&リゾートをコンセプトに2014年にリニューアルした湯処「ラ・クーン」は、熱帯植物に囲まれた露天エリアが魅力だ。バリ風呂や壺風呂、寝湯を楽しみながら、心と身体を解き放とう。

男性用の内湯には季節風呂、女性用の内湯には、美肌効果がうれしい炭酸風呂とシルク風呂が設けられている。

入浴にランチと客室休憩が付いた「湯遊（ゆうゆう）プラン」（要予約）も人気で、料理は和・洋・中からお好みで選べる。「日経レストラングランプリ」を2度受賞した、遠山嘉明料理長が生み出すフレンチベースの洋食をはじめ、どのジャンルも旬を取り入れた美食揃いだ。

1 炭酸風呂とシルク風呂は女性だけのお楽しみ　2 ランチは11時半～14時の好きな時間に　3「湯遊プラン」で利用できる客室

浜松市 ♨ 雄踏温泉

浜名湖《はまなこ》ロイヤルホテル《ろいやるほてる》

☎ 053・592・2222
浜松市西区雄踏町山崎4396-1

12:00～最終入館20:00「湯遊プラン」は11:30～17:00※いずれも金曜は15:00～

休 無休

【温泉】大人（中学生以上）1200円、子供（3歳～小学生）600円　【湯遊プラン】（温泉＋昼食＋部屋休憩）大人5000円※完全予約制、子供料金は要問い合わせ　【1泊2食】13500円（2名1室1人）～

1988年開業 ●露天＝男1・女1 ●内湯＝男1・女2 ●その他＝寝湯・壺風呂・ドライサウナ（男）・ミストサウナ（女）

東名浜松西ICから13㎞／JR舞阪駅から送迎バスで7分

温泉Data

泉源など●源泉、かけ流し（一部）、循環（一部）、加温、加水
泉質●ナトリウム-カルシウム-塩化物泉
pH値●8.0（弱アルカリ性泉）
源泉温度●26.3℃
湧出量●毎分143ℓ
効能●神経痛、筋肉痛、関節痛など

豆とあんこがぎっしりの「豆大福」

浜名湖の魚介や遠州産野菜を販売する店の新名物「豆大福」130円をお土産に。ふわふわの皮の中に、豆とあんこがたくさん詰まって食べ応え十分だ。

よらっせYUTO《ゆうとう》

☎ 053-597-2580
浜松市西区雄踏町宇布見9981-1
9:00～18:00
休 無休
P あり

GSで味わえる、かき氷と沖縄料理

季節限定のシロップが登場する、人気のかき氷が食べられるのは4月下旬～10月中旬。ソーキそばなどの沖縄料理は年中味わえ、琉球雑貨なども販売している。

沖縄cafe果報《かふー》

☎ 053-485-1830
浜松市西区古人見1089（エネオス内）
9:00～17:00※月曜は11:30～17:00
休 無休　P あり

心地いい解放感が魅力の
露天風呂

空と海と温泉が一つになった大パノラマ

遮るものが何もなく、まるで海に浮かんでいるかのような、大パノラマを楽しめる露天風呂が人気。中でも貸切露天風呂「潮彩」は、空と海が一体となったロケーションはもちろん、湯船の広さも魅力だ。２本ある自家源泉は、それぞれ露天風呂と内湯に使用しているが、特に内湯の湯は美肌効果や疲労回復効果が高いと評判。宿自慢の磯料理と部屋休憩がセットになった１日限定３組の日帰り入浴プランで、露天風呂も内湯もじっくり堪能するのがお薦めだ。

温泉Data

泉源など	源泉、かけ流し
泉質	ナトリウム・カルシウム・マグネシウム-硫黄泉・塩化物泉
pH値	7.8（弱アルカリ性泉）
源泉温度	62.2℃
湧出量	毎分約400ℓ
効能	筋肉痛、関節痛、五十肩、神経痛、運動麻痺、関節のこわばり、打ち身など

1 熱海湾が一望できる男湯の露天風呂　2 貸切露天風呂「潮彩」。晴れた日には真鶴半島が見える　3 男性用大浴場　4 国道135号沿いに建つ。食事処では海を前に味わえる網代の旬が人気

熱海市 ♨ 網代温泉

磯料理海辺の湯の宿
平鶴《ひらつる》

☎ 0557・67・2221
熱海市下多賀493

11:00～16:00
※貸切露天と日帰りプランは15:00まで

休 不定休

【温泉】大人（中学生以上）1000円、子供（2歳～小学生）500円※貸切露天は3500円（45分・1～4人利用）【食事付プラン】（入浴+昼食）大人5000円～12000円、子供（3歳～小学生）3000円、幼児（2歳）1500円は食事なし※1日限定3組、要予約【1泊2食】10500円～

1984年開業 ●露天=男1・女1 ●内湯=男1・女1 ●その他=貸切1

東名沼津ICから39㎞／JR網代駅から徒歩5分

伊東市

立ち寄り温泉郷

伊豆高原の湯《いずこうげんのゆ》

0557・54・5200
伊東市八幡野1180

10:00〜24:00（最終入館23:00）

第1・3木曜（祝日・GW・春夏冬休みは営業）

【温泉】大人（中学生以上）1000円、子供（4歳〜小学生）500円

1995年開業 ●露天＝男4・女4 ●内湯＝男2・女2 ●その他＝気泡湯・サウナ・水風呂・壺湯・泥湯

東名沼津ICから57㎞／伊豆急伊豆高原駅から徒歩5分

葉擦れの音が耳をなでる 野趣あふれる露天風呂

伊豆高原駅から徒歩5分。木々の緑が美しくそよぐ露天風呂は、天然岩石で造り上げた野趣あふれる湯船のほかに壺湯や泥湯が点在。それらを繋ぐ小径を歩いて湯めぐりを楽しめる。

湯量豊富な自家源泉は内湯にもたっぷり注がれ、ロビーには飲用泉も。また、ここへ来たら無料の泥パックもぜひ試してみよう。入浴後はハンモックや約6千冊の漫画本がある休憩所でゆったりとくつろげる。レストランや卓球場もあるので、一日のんびりと過ごせそうだ。

温泉Data

泉源など	源泉、かけ流し（一部）、循環（一部）、加温
泉質	アルカリ性単純温泉
pH値	9.4（アルカリ性泉）
源泉温度	42.8℃
湧出量	毎分約250ℓ
効能	神経痛、筋肉痛、関節痛、五十肩など　飲泉／慢性胃腸病など

1 点在する露天風呂の一番高いところにある屋根付き露天風呂　2 森林浴気分で楽しみたい一人一風呂の壺湯　3 温泉＋無料泥パックでつるスベ素肌を目指そう　4 休憩室。ほかに畳の大広間もある

露天風呂

心地いい解放感が魅力の

静岡市 ♨ 清水西里温泉

清水西里温泉浴場

やませみの湯

✆ **054・343・1126**

静岡市清水区西里1449

9:30～18:00※土・日曜、祝日は19:30まで

(休) 月曜（祝日営業、翌日休み）

【温泉】大人（中学生以上）700円、子供（小学生以下）300円　【個室休憩】6畳1室2時間まで2000円、1時間延長1000円※日曜、祝日除く

♨ 1999年開業、2006年リニューアル ●露天＝男3・女3 ●内湯＝男1・女1 ●その他＝ジャグジー（内湯）

東名清水ICから約8㎞・新東名新清水ICから14㎞／JR清水駅からバスで30分但沼車庫終点で乗り換え30分「西里温泉前」下車すぐ

露天風呂から見上げる風景に癒やされる

静岡市清水森林公園やすらぎの森の中にある公営の日帰り温泉施設。国道52号線沿いの温泉には硫黄泉が多いが、ここは塩化物泉で鉄分も多く、薄い茶褐色をしているのが特徴だ。露天風呂は、源泉に近いぬるめの湯にじっくり浸かることができるかけ流しと、地元特産の竹から作った竹酢、竹炭入りの変わり湯が2種類。露天風呂の周囲には花木が植えられ、湯に浸かりながら季節の花や新緑、紅葉を楽しめる。公園を散策した後に、ひとっ風呂浴びるのもいい。

温泉Data

泉源など●源泉、かけ流し（一部）、循環（一部）、加温

泉質●ナトリウム・カルシウム-塩化物泉

pH値●7.12（中性泉）

源泉温度●31.0℃

湧出量●毎分約100ℓ

効能●神経痛、関節のこわばり、打ち身、くじき、慢性消化器病、痔疾、冷え症、慢性婦人病など

1 露天風呂は岩とヒノキがあり、週替わりで男女を入れ替え　2 公園内の「食事処たけのこ」では「天ざるそば」900円が人気　3 地元で採れた野菜や加工品などが並ぶ売店
4 森林公園には吊り橋などが整備され、ウォーキングに最適

川根本町 ♨ 白沢温泉

白沢温泉

もりのいずみ

☎ 0547・59・3800
榛原郡川根本町奥泉840-1

10:00～20:00（最終入館19:30）

水曜（8月、繁忙期は無休）

【温泉】大人（中学生以上）1000円※17時以降は800円、子供（小学生）400円

1990年開業 ●露天＝男1・女1 ●内湯＝男8・女8 ●その他＝人口炭酸泉・かぶり湯・うたせ湯・寝湯・気泡湯・圧注浴・渦流浴・陶器風呂（替わり湯）・冷水浴・サウナ

新東名島田金谷ICから車で80分／大井川鐵道千頭駅からバスで7分「白沢温泉入口」下車徒歩10分

大井川のせせらぎと木漏れ日を感じる森の湯

「にほんの里１００選」にも選ばれている川根本町奥泉。大井川本流に流れ込む白沢にある温泉施設で、源泉は地下１３００mから湧き出している。まさに森の中から湧き出る泉のようだ。

湯量は少なく、温度も低いため加温・加水ともにしているが、炭酸泉や気泡湯などバリエーション豊かな9つの風呂を楽しめる。御殿場高原ビールが飲める「お食事処しらさわ」や、宿泊棟「もりのコテージ」など温泉以外の施設も充実している。

温泉Data

泉源など	源泉（一部）、循環、加水、加温
泉質	ナトリウム-炭酸水素塩冷鉱泉（重曹泉）
pH値	8.4（弱アルカリ性泉）
源泉温度	14.8℃
湧出量	毎分2.3ℓ
効能	神経痛、慢性消化器病、冷え症、疲労回復、健康増進、やけどなど

1 新緑が美しい露天風呂。紅葉の時期もお薦め　2 重曹泉の源泉にさらに人工炭酸を加えた「炭酸泉」　3 名物の「釜飯（田楽・味噌汁・漬物付き）」1030円　4「もりのコテージ」。バーベキューハウス、テニスコートなども併設されている

老舗旅館で優雅に過ごす湯三昧の休日

長い年月を経た今も現役の15の文化財に癒やされる

修善寺温泉を流れる清流・桂川沿いにその宿は建つ。明治5年の創業以来、多くの文人・墨客に愛された「新井旅館」だ。島崎藤村が滞在した木造3階建て城郭建築の「青州楼」(せいしゅうろう)。泉鏡花のお気に入りだった木造平屋の離れ「紅葉」。横山大観が宿泊を希望した書院数寄屋造りの「霞の棟」…。その歴史的価値を認められ有形文化財に登録されたこうした建築物が、今も現役で訪れる客をもてなしている。文化財を身近に肌で感じ、その世界に浸り過ごす優雅な時間こそ、この宿の最大の魅力だ。

文化財の湯堂で天平建築の美しさに浸る

日帰りで贅沢に温泉旅館を堪能したいというニーズに応えて、宿泊なしでも食事や客室休憩ができるプラン

COLUMN

文化財の温泉宿へ

修善寺温泉でも老舗として知られる「新井旅館」。有形文化財の宿としても知られるこの宿で、日本の情緒や文化に触れ、のんびりと湯浴みを楽しむ極上の日帰りプランを紹介する。

ノスタルジックな雰囲気が漂う「あやめ風呂」

比叡山から見下ろした琵琶湖をイメージした貸切家族風呂「琵琶湖風呂」

伊豆ならではの食材を「京風会席」に仕立て提供

桂川沿いにある「霞の棟」の客室

が、ここ「新井旅館」でも人気を呼んでいる。それが「昼の会食プラン」だ。客室は文化財登録の部屋が利用でき、温泉もまた文化財に指定されている「天平大浴堂」。京都・奈良の神社寺社仏閣を参考に造られたというヒノキ造りの浴場には、巨石を配した風呂とヒノキの風呂があり、いずれの湯も源泉かけ流し。無色透明で美肌の湯としても知られる。

旬の山海の幸が味わえる京風会席の昼食後も、まだまだ時間はたっぷりある。食後は、アヤメの形をかたどった内湯「あやめ風呂」や貸切風呂「琵琶湖風呂」も楽しみたい。

伊豆市 ♨ 修善寺温泉

新井旅館 あらいりょかん

0558・72・2007
伊豆市修善寺970

チェックイン11:30～、チェックアウト15:00

無休※日帰り昼食プランは木曜休

【昼の会食プラン】(入浴+ミニ会席+個室休憩)大人(小学生以上)6048円～、子供(未就学児)3780円【1泊2食】23760円～

1872年開業 ● 露天=1(男女入れ替え制) ● 内湯=男1・女1(男女入れ替え制) ● 貸切=2

東名沼津ICから32㎞/伊豆箱根鉄道修善寺駅からバスで10分「修善寺温泉」下車徒歩3分

温泉Data

泉源など ● 源泉、かけ流し※夏のみ高温のため一部加水
泉質 ● アルカリ性単純温泉
pH値 ● 8.71(アルカリ性泉)
源泉温度 ● 60.8℃
効能 ● 神経痛、筋肉痛、関節痛、五十肩、慢性消化器病、痔疾、冷え症など

館内の文化財を解説付きで案内してくれる「文化財ガイド」は大人1500円(40分・要予約)

3年の歳月を費やし昭和9年に完成した「天平大浴堂」

本館と各棟を繋ぐ風情ある回廊

美味なる贅沢。温泉+ランチ・ディナー

地上25mにある女性用露天風呂。太平洋と一体になった気分が味わえる

極上フレンチと美肌湯でセレブな休日を

熱海の海を一望するパノラマ露天風呂が人気のホテル。敷地内に源泉を所有し、メタケイ酸豊富な「大月の湯」は美肌の湯としても知られる。お薦めはそんな温泉入浴をさらにグレードアップした、カジュアルランチや本格ディナー、部屋休憩が付いたプランだ。なかでも「ハイクラスディユース」（18000円～）は本格的なフレンチレストラン「ミクラスダイニング」で世界三大珍味を使ったコース料理を堪能し、最大8時間の客室ステイが満喫できる贅を尽くしたプラン。リッチな気分に浸れると女性に好評だ。

このほかにも早朝に行う女性限定の「やさしい朝ヨガ」とランチが付いたプランや、温泉付き客室で休憩ができるプラン、スパ付きのプランなどもある。

2

1

3

1 フレンチレストラン「ミクラスダイニング」 2「ハイクラスデイユース」で味わう料理の一例 3 部屋付きのプランは海側の部屋または温泉付きの部屋が選べる 4 地上40mにある男性用露天風呂

温泉Data

泉源など	源泉、かけ流し（一部）
泉質	ナトリウム・カルシウム-塩化物泉
pH値	8.2（弱アルカリ性泉）
源泉温度	89.6℃
湧出量	毎分45.4ℓ
効能	切り傷、やけど、慢性皮膚病、慢性婦人病、神経痛、筋肉痛など

熱海市 ♨ 熱海温泉

HOTEL MICURAS《ほてる みくらす》

☎ 0557・86・1111

熱海市東海岸町3-19

14:00～21:00 ※花火大会などの特定日は19:00まで

休 無休

【温泉】大人（中学生以上）2500円、子供（小学生）1000円【ランチ付きプラン】3500円（小学生以下不可）【部屋+ランチ付きプラン】8000円～（要予約）【部屋+ディナー付きプラン】13000円～（要予約）【1泊2食】20500円～

2006年開業 ●露天=男1・女1 ●内湯=男1・女1 ●その他=サウナ男1・女1

東名沼津ICから60km／JR熱海駅から徒歩12分

4

寄り道どころ

駅前平和通りでちょっと一服

厳選した大納言を丁寧に炊いた甘さ控えめの「大納言ぜんざい」300円は白玉入りでくせになる味。ほろ苦いカラメルがポイントの「一楽プリン」320円もお薦め。

御菓子処 一楽《いちらく》

☎ 0557・85・7222

熱海市田原本町5-5

9:00～17:30

休 不定休

P なし

酒のトラブルから守ってくれる!?「酒難除守り」

禁酒の神として古くから信仰を集める来宮神社。よそではちょっとお目にかかれない、酒難よけのユニークな「お守り」600円は、お酒が好きな友人へのお土産にぴったり。

伊豆國霊社 来宮神社《きのみやじんじゃ》

☎ 0557・82・2241

熱海市西山町43-1

参拝時間は自由（祈願奉仕時間9:00～16:30）

休 無休

P あり

大浴場「碧海」の相模湾と伊豆大島を一望する露天風呂

温泉と山海の美食でキレイを目指す

2013年に全面リニューアルオープン。相模湾を望む「吉祥CAREN」では日帰り温泉&ランチプランが好評だ。鉄板焼きレストランの「青竹」、またはフレンチ懐石の「フォーシーズン」で、伊勢エビや金目鯛、天城軍鶏など、伊豆の山海の幸を贅沢に味わうランチが楽しめる。

「おいしく食べてキレイになる」をテーマに、箸で気取らずいただくフレンチ懐石「美ビューティーランチ」は体の内側から美容と健康にアプローチ。さらに、本格タラソテラピーや大島産椿油ヘッドスパに癒やされる「吉祥スパ」のトータルエステを体感すれば、体の外側からも美を追求できる。2人同時にエステが受けられるスイートルームもあり、特別なひとときになること間違いなし。カップルや母娘で、贅沢ショートトリップに出かけよう。

1 フレンチ懐石コースの一例　2 モダンな装いの広々としたロビーにはライブラリーも　3 湯宿では珍しい鉄板焼きに舌鼓　4「吉祥スパ」のスイートルームからは相模湾を一望できる

東伊豆町 ♨ 北川温泉

自家源泉掛け流し

吉祥CAREN《きっしょうかれん》

0557・23・1213
賀茂郡東伊豆町北川温泉

11:30～16:00

休 無休

【美ビューティーランチ＆温泉入浴プラン】5500円～【極上スパ×美ビューティーランチ＆温泉入浴&トータルエステ付きプラン】20000円【鉄板ランチ&温泉入浴】4860円～
【素肌美人鉄板ランチ富士コース&入浴&フェイシャルトリートメント60分付きプラン】11500円（すべてサービス料別）
【1泊2食】29160円～

2013年リニューアル ●露天=5（男女入れ替え制） ●内湯=2（男女入れ替え制）

東名沼津ICから63㎞／伊豆急伊豆熱川駅から送迎バスで10分

温泉Data

泉源など●源泉、かけ流し、加水
泉質●ナトリウム・カルシウム-塩化物泉
pH値●7.9（弱アルカリ性泉）
源泉温度●70.4℃
湧出量●毎分300ℓ
効能●神経痛、筋肉痛、関節痛、五十肩、運動麻痺、打ち身、慢性消化器病など

寄り道どころ

ご当地名物「北川あじ鮨」

脂がのった新鮮なアジで作る新名物「北川あじ鮨」。しっかり酢が効いた米とアジの下に潜む大葉とガリが相性抜群だ。10貫に椀付きで1080円。4人以上は要予約。

磯料理 **磯辺**
0557·23·0366
賀茂郡東伊豆町奈良本1131-35
11:30～15:00(14:30LO)、17:30～21:00(20:30LO)
休 水曜
P あり

魚に合う清酒「北川びと」

「北川あじ鮨」に合う酒を目指し富士錦酒造（富士宮市）協力のもと誕生したオリジナル清酒。海沿いのナカヤで購入できる。493円（300ml）。

コンビニエンスストア ナカヤ
0557·23·0075
賀茂郡東伊豆町北川1064-1
9:00～21:30
休 水曜
P あり

かつて天城の天狗も入ったという言い伝えが残る「天狗の湯」

日帰りで堪能する風情ある湯宿の贅

緑深い天城の森に囲まれた明治７年創業の老舗旅館。昭和初期の大改築で建て替えられた書院造りの本館、数寄屋造りの客室「眠雲亭」、宴会場や階段などが今も当時のまま残され、国の登録有形文化財に指定されている。

そんな宿の日帰り温泉はちょっと贅沢にゆったり過ごせる客室休憩と夕食付きが基本。渓流沿いの露天風呂「天狗の湯」や湯けむりに包まれた「洞窟風呂」、レトロな「モダンタイル大浴場」のほか、予約制の貸切露天風呂も無料で利用できる。東伊豆の漁港に揚がったキンメダイや天城産のワサビなど、地元食材を取り入れた懐石料理と共に堪能したい。敷居が高く感じる文化財の宿も、日帰りプランなら気負わず訪れることができる。

伊豆市 ♨ 湯ヶ島温泉

落合楼村上《おちあいろう むらかみ》

☎0558・85・0014
伊豆市湯ヶ島1887-1

- チェックイン15:00〜18:30、チェックアウト21:30※夕食は18:00以降
- 休 無休
- 【入浴＋夕食＋部屋休憩】大人（中学生以上）18360円〜、子供（小学生）12852円〜【1泊2食】27000円〜
- 1876年開業 ●露天＝男1・女1 ●内湯＝男1・女1 ●貸切＝1
- 東名沼津ICから41㎞・新東名長泉沼津ICから41㎞／伊豆箱根鉄道修善寺駅からバスで25分「湯ヶ島」下車、送迎あり（要予約）

温泉Data

泉源など●源泉、かけ流し※季節により温度調節のため一部加温・加水
泉質●カルシウム・ナトリウム-硫酸塩泉
pH値●8.2（弱アルカリ性泉）
源泉温度●52.2℃
湧出量●毎分200ℓ
効能●高血圧、動脈硬化、糖尿病、不眠症、便秘、痛風など

1 渓流のせせらぎが聞こえる「貸切露天風呂」は家族から団体まで入れる広さ 2 夕食では県内産有機野菜ともち豚のしゃぶしゃぶなどが味わえる 3 部屋タイプは選べないがいずれも老舗の風格が漂う

寄り道どころ

道の駅でご当地グルメに舌鼓

お薦めは駅内にある売店の名物「わさびっ葉コロッケ」120円と、レストランの人気メニュー「伊豆牛ライスカレー」930円。ワサビ漬けや猪サラミなどのお土産もある。

道の駅 天城越え
☎0558・85・1110
伊豆市湯ヶ島892-6
8:30〜16:30
休 第3水曜
P あり

天然酵母のカンパーニュをお土産に

国道沿いのログハウスが目印のカフェ。お薦めはキーマカレーやチーズケーキだが、数量限定のカンパーニュのファンも多い。ピザを石窯で焼く体験もできる。

森の手作り屋さん かたつむり
☎0558・85・2104
伊豆市湯ヶ島892-66
10:00〜16:00LO※カフェは11:00〜
休 火・水曜
P あり

客室の露天風呂は「檜」、「御影石」、「陶器」（写真）の3タイプ

イタリアンと露天風呂付き客室で贅沢0泊

白い砂浜とエメラルド色の海が広がる下田市の外浦海岸。その高台に建ち、晴れた日は伊豆七島を見渡せるオーシャンビューが自慢のホテルがここ。大浴場の入浴とイタリアンのランチを楽しみ、さらに庭園露天風呂付きの客室でゆったりくつろげるという贅沢なプランが評判を呼んでいる。大浴場で外浦の美しい景色が望める露天風呂を満喫し、客室では潮風を感じるウッドデッキでひと休みしながら、自由気ままに露天風呂に浸かる。もちろんその視線の先にも庭園越しに海の眺めが続き、ここでしか体験できない極上の時間が堪能できる。伊豆産の魚介や野菜を取り入れたイタリアンのランチは、パスタかピッツァかどちらかが選べ、前菜やドルチェも味わえる本格派だ。

1 内湯の大浴場「鎌倉」 2「イタリアングリルシャンタン」のランチコースの一例 3 ヒノキ風呂が2槽新設された露天風呂「五山の湯」

下田市 ♨ 下田温泉

下田ビューホテル

しもだびゅーほてる

0120・289・489
下田市柿崎633

14:00～21:00（要事前連絡）※食事付きプランはチェックイン11:00、チェックアウト15:00

休 無休※夏期・繁忙期を除く

¥【温泉】大人（中学生以上）1080円、子供（小学生以下）540円【食事付きプラン】（大浴場入浴+イタリアンランチ+庭園露天付き客室休憩）7560円※5歳以下は無料【1泊2食】15120円～

1972年開業 ●露天=男1・女1 ●内湯=男1・女1（男女入れ替え制） ●貸切=6（庭園露天風呂付き客室）

東名沼津ICから70㎞／伊豆急下田駅から車で6分

温泉Data

泉源など	●源泉、かけ流し（一部）、循環（一部）、加温（一部）、加水（一部）
泉質	●単純温泉
pH値	●8.2（弱アルカリ性泉）
源泉温度	●40～50℃
湧出量	●毎分約150ℓ
効能	●筋肉痛、関節痛、五十肩、慢性消化器病、やけど、切り傷、皮膚炎など

寄り道どころ

レトロな蔵カフェでひと休み

レコード・CD店を営んできた店主が倉庫として使っていた蔵を改装し開店。「北インド風骨付きチキンカレー」800円などの食事メニューも終日提供しているので、遅いランチにも便利。

CD shop & cafe くしだ蔵《くしだくら》

0558・22・0049
下田市2丁目11-12
10:00～20:00（19:30LO）
休 不定休
P あり

肉本来の味が楽しめるハンバーグ

「肉のうまい店」と書かれた看板が目印。中でも「チーズハンバーグステーキ」1470円、「牛ヒレステーキ（和風きのこソース）」2980円はファンが多い。

レストランやまがた

0558・22・1289
下田市2丁目10-28
11:00～14:40LO、17:00～20:00LO
休 月曜（祝日営業、翌日休み）
P なし

駿河湾、伊豆半島、富士山の雄大な景色が楽しめる露天風呂

絶景の露天風呂と食べ放題でリフレッシュ

２０１４年に開業45周年を迎え、新たに「森のテラス&カフェ」もオープンした焼津グランドホテル。駿河湾と富士山が一望できる絶景露天風呂と、内湯のある「海のお風呂」が日帰り利用客の人気を集めている。露天風呂の湯は、焼津駅の北側で湧出する焼津黒潮温泉をかけ流しで使用。源泉の温度は51・３℃とやや高めだが、約１・５㎞離れたホテルまで来る頃には、10℃ほど湯温が下がるのだそうだ。

お薦めのプランは、ブッフェランチまたは日本料理と入浴がセットになった「湯ったりレストランプラン」。和・洋食からスイーツまで種類豊富なブッフェでは、出来たてが食べられるシェフの実演料理も好評だ。ゆっくり過ごしたい人には、客室の利用もできる「湯ったり客室プラン」もお薦め。

1 内湯やジェットバス付きの寝湯からも、海と空が眺められる 2 3 洋食・和食を中心にデザートまで40種類以上のメニューが並ぶブッフェ 4 ブッフェはレストラン「炎の香（ほのか）」で 5 高温の石窯でパリッと焼いた熱々のナポリピザも登場

焼津市 ♨ 焼津黒潮温泉

焼津グランドホテル《やいづ ぐらんどほてる》

054・627・1121
焼津市浜当目大崩海岸通り

12:30～15:00※ランチ11:30～14:00、客室利用11:30～16:00

休 無休

【湯ったりレストランプラン】（ランチ＋入浴）3800円※土・日曜、祝日4000円【湯ったり客室プラン】（ランチ＋入浴＋客室）6000円※日曜6300円※客室プランは3人以上。2人の場合は1人1080円増。土曜、休前日を除く※いずれも前日17:00までに予約【1泊2食】11880円～

1969年開業・2009年リニューアル ●露天＝男1・女1 ●内湯＝男1・女1 ●貸切＝（宿泊者専用） ●その他＝サウナ・寝湯・ジャクジー・つぼ湯

東名焼津ICから4㎞/JR焼津駅から送迎バスまたはタクシーで5分

温泉Data

泉源など●源泉、かけ流し(露天風呂のみ)、加温(冬期)
泉質●カルシウム・ナトリウム-塩化物泉
pH値●8.4（弱アルカリ性泉）
源泉温度●51.3℃
湧出量●1日60万ℓ
効能●神経痛、筋肉痛、関節痛、五十肩、打ち身、くじき、慢性消化器病、痔疾など

寄り道どころ

たっぷり小豆餡の「金つば」

老舗和菓子店の4代目が営む金つば専門店。毎日餡を炊き、モチモチしたきめ細かい生地でひとつひとつ包んで焼く、本格派の味が好評だ。1個120円。

あきず屋
054-620-6399
焼津市五ヶ堀之内78-3
10:00～19:00（餡がなくなり次第終了）
休 火曜
P あり

老舗蒲鉾店で人気の練り製品を

焼津で150年続く蒲鉾店。手作りの練り製品は風味豊かで、ご飯にもお酒にも合う。お薦めは「ごぼう巻き」1本41円、「無澱粉蒲鉾」1本1458円など。

足平《あしへい》
0120-308-334
焼津市本町6-7-9
9:00～18:00
休 日曜
P あり

「鶴の湯」露天風呂。男湯と女湯は1週間ごとに入れ替わる

とらふぐが味わえる！とっておきの極楽湯

袋井市で唯一の温泉施設。ナトリウム塩化物泉100％の温泉に炭酸ガスを加えた「含食塩炭酸泉」の露天風呂が、体に良さそうだと人気を呼んでいる。

そして入浴客のお目当てがもうひとつ、館内の食事処で楽しめるとらふぐだ。2年前に温泉水を利用したとらふぐ養殖に成功。「てっさ」1300円、「ふぐ雑炊」1000円など、手軽な価格で堪能できる。ちょっと贅沢に味わいたいという人には温泉ととらふぐのコース料理がセットになったお得なプランもある。自分へのご褒美や両親へのプレゼントにも使えそうだ。また「アワビのお刺身」1600円も人気上昇中。袋井のご当地B級グルメ「袋井宿たまごふわふわ」（ふぐ入り）620円もお薦めだ。

1 遠赤外線サウナ併設の温泉
2「温泉＋とらふぐコース」（1人5400円・2名～）。＋650円で「ふぐヒレ酒」も追加できる　3「石焼きふぐ茶漬け」1100円、「コラーゲン入りふぐサラダ」900円

袋井市 ♨

遠州《えんしゅう》 和の湯《やわらぎのゆ》

0538・23・1500
袋井市諸井2022-3

- 10:00～23:00
- 休 無休
- 【温泉】大人（中学生以上）1000円、子供（3歳～小学生）500円
- ♨ 1999年開業 ●露天＝男2・女2 ●内湯＝男1・女1 ●その他＝硫黄岩風呂・マグナムバス・ジェットバス・寝湯・電気風呂・遠赤外線サウナ・水風呂
- 東名袋井ICから2.5㎞、JR袋井駅から車で10分

温泉Data

泉源など	源泉、循環、加温、加水
泉質	ナトリウム-塩化物泉
pH値	8.2（弱アルカリ性泉）
源泉温度	26～27℃
湧出量	毎分約62ℓ
効能	高血圧症、冷え症、不眠症、更年期障害、頭痛、疲労回復、リハビリなど

寄り道どころ

アイデア満載のヘルシーお好み焼き

お好み焼き屋とは思えないカフェ風の外観が目印。女性に人気は、サラダ感覚で味わえる「ベジお好み焼き」842円。ピザとお好み焼きが融合した「ハニーピッツァ」もお薦め。

Honey! ハニー!《はにー はにー》

0538-43-9233
袋井市新池389-1
11:30～14:30、18:00～23:00
休 火曜、第3月曜
P あり

どれも食べたい100種類のパン

南仏風の空間に、スイーツ系、惣菜系、食事系など多彩なパンが並ぶ。お薦めは「クロワッサンBLT」280円や天然酵母使用のハードパン系208円～。予約や取り置きができる。

Boulangerie FUJIO《ぶーらんじぇりー ふじお》

0538-49-0788
袋井市上山梨3-7-6
10:00～19:00
休 日曜、祝日
P あり

O-haku Onsentabi 2

0泊温泉旅 吉奈温泉編

Yoshina Onsen

温泉＋エステと美食 優雅に過ごす大人の休日

奈良時代に、高僧・行基によって発見された伊豆最古の温泉・吉奈温泉。子宝の湯としても知られ、江戸時代には徳川家康公の側室・お万の方も訪れたという。そして今も、この地には女性客をとりこにする魅力がいろいろ。源泉かけ流しの温泉で優雅に湯浴みし、ランチは贅沢に懐石料理を味わって、食後はセレブ気分でエステ体験。もちろんお土産もこだわりの逸品をセレクトして…。極上の女旅を楽しもう。

東府やResort&Spa-Izuの野趣あふれる「行基の湯」

東府や Resort&Spa-Izu《とうふやりぞーとあんどすぱ いず》

江戸時代から続く老舗旅館が2010年にリニューアルオープンした、日本ならではの情緒にあふれた和のリゾート。山に囲まれた3万坪以上ある広大な敷地に清流・吉奈川が流れ、客室、温泉、食事処が点在する。まずは川沿いの露天風呂に浸かって、心を解きほぐそう。

☎ 0558・85・1000
伊豆市吉奈98

- 13:00～15:00※食事は11:30～13:30LO
- (休) 不定休
- 【昼懐石料理＋入浴】4950円～【昼懐石料理＋入浴＋スパ】19800円※土・日曜、祝日のみ・3日前までに要予約【ベーカリーカフェランチ＋入浴＋スパ】15000円（要予約）【1泊2食】24800円～
- 2010年開業 ●露天＝男1・女1（男女入れ替え制）●内湯＝男1・女1 ●貸切＝2（宿泊者専用）
- 東名沼津ICから38㎞／伊豆箱根鉄道修善寺駅からタクシーで20分またはバスで20分「吉奈温泉口」から電話で送迎可能

露天風呂「河鹿の湯」

広々とした内湯。すべての風呂にタオル類とスキンケアグッズが揃う

温泉Data

- 泉源など●源泉、かけ流し（一部）、循環、加温、加水（一部）
- 泉質●アルカリ性単純温泉
- pH値●8.8（アルカリ性泉）
- 源泉温度●48.2℃
- 湧出量●毎分387.4ℓ
- 効能●神経痛、筋肉痛、関節痛、五十肩、運動麻痺、関節のこわばり、冷え症など

エッセンシャルオイル入りのオリジナルのヘアケア用品

伊豆の山海の幸を盛り込んだ懐石料理。「懐石料理＋入浴プラン」より

清流・吉奈川にかかる「香風橋」。川辺の緑を望む開放的な景色が広がる

優雅な
貴婦人の気分!

一汁五菜をテーマにした「点心箱膳」2700円(限定30食)

大正館 芳泉《たいしょうかん ほうせん》

純和風な佇まいとは裏腹に、室内は大正モダンな雰囲気が漂う食事・喫茶処。大正時代、実際に社交場として使われていたという。遠い昔に思いをはせて、ゆったり過ごしたい。

☎ 0558•85•1000

🕘 11:30~17:00
※和食は13:00LO

㊡ 無休※和食は火・水曜休

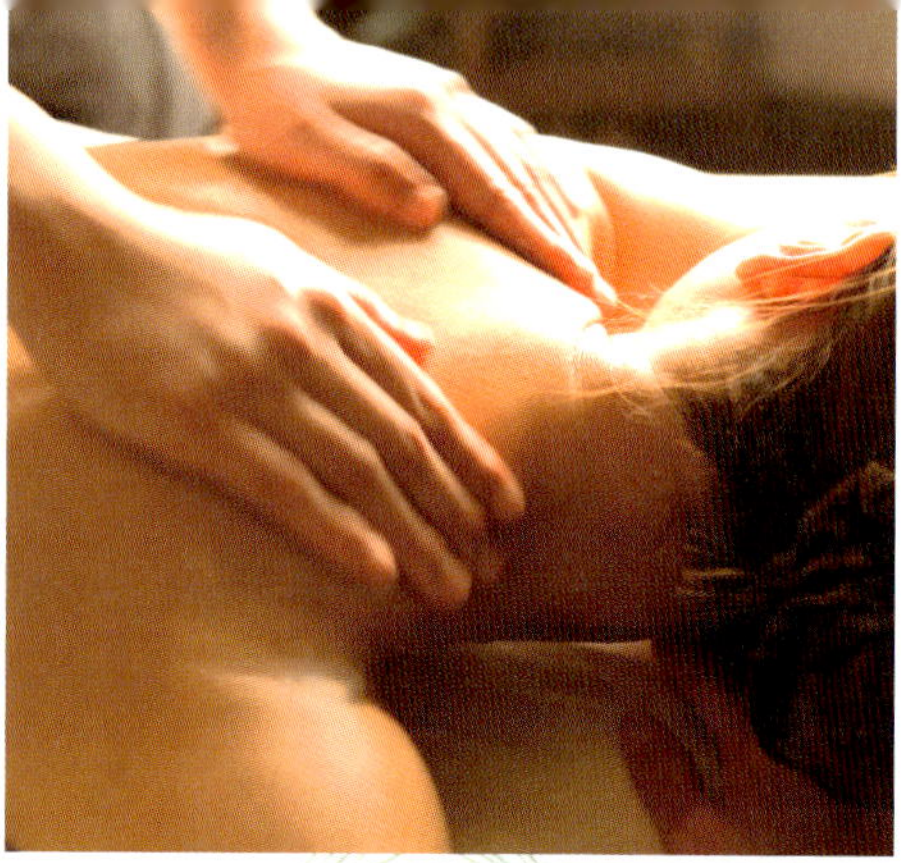

mahora Spa《まほら すぱ》

豊富なトリートメントが揃う敷地内のスパ。入浴や食事とセットになったプランなら、気軽にセレブ気分が味わえる。疲れを癒やし、美容にも効くプロの手技をぜひ体験して。

香が炊かれる和モダンな空間

☎ 0558•85•1000

🕘 14:30~22:30(予約制)

㊡ 無休

片道40分の自然林散策のコースも整備されている

川沿いの滝見テラス
でひと休み

東府やガーデン

せせらぎに耳を傾けながら、のんびり散策を。滝や桜が望めるテラスや初夏に見頃のホタルの庭、シャクナゲ広場などが点在し、四季折々の風情が楽しめる。

0泊温泉旅 2 O-haku Onsentabi

吉奈温泉編

Yoshina Onsen

パンや
焼き菓子を
お土産に

「ベーカリーランチセット」1180円。スープとパン3種類、サラダが楽しめる

5月頃には藤棚が彩りを添える足湯テラス

東府やベーカリー&カフェ

自家製パンが約30種類並ぶホテルメイドのベーカリー。注文を受けてから作る「グリルドッグセット」930円などの軽食も人気。イートインOKで、足湯が楽しめるテラス席でのおやつタイムもお薦め。

☎ 0558•85•1002

🕘 10:00~17:00(16:30LO)※日曜、祝日は9:30~

㊡ 無休

お土産にも喜ばれそう!

「コロコロラスク」各435円。一口サイズで食べやすい

東京ラスク伊豆ファクトリー

見学もできる東京ラスクの工場。サクサクと軽い口当たりが特徴で、定番の「シュガーラスク」のほか、「ラスクパン」やワサビ風味の商品など、伊豆工場限定品もあるのでお見逃しなく。

☎ 0558・85・0232
伊豆市市山550
10:00~18:00
※土・日曜、祝日は9:00~
(休) 無休
(P) あり

伊豆工場限定の「伊豆天城ラスク わさびずら～」460円

kina キナ

伊豆の間伐材や除伐材を使った器やカトラリーを製作する工房のギャラリー兼ショップ。木目や色が異なる木製品は使い込むほどに味わいを増す。自分へのお土産にもお薦め。

☎ 0558・83・1732
伊豆市城22
10:00~16:30
※変動あり。事前確認を
(休) 不定休
(P) あり

丸みのあるフォルムが特徴のスプーン。写真は1800円のもの(18cm)

出口の飴 でぐちのあめ

明治15年創業。昔ながらの製法を守り続ける飴専門店。天城山の狩人から鉄砲玉と呼ばれ愛された定番商品「黒玉」のほか、伊豆産の紅ほっぺや土肥の天然塩など地元素材を使った飴もある。

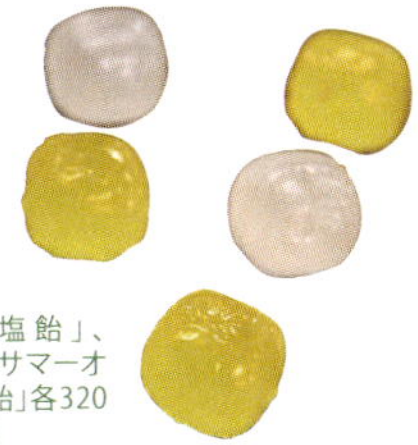

「天然塩飴」、「ニューサマーオレンジ飴」各320円(1袋)

井上靖の小説「しろばんば」にも登場する「黒玉」320円(1袋)

☎ 0120・78・0041
伊豆市下船原字出口8-7
9:00~17:30
(休) 不定休
(P) あり

内湯の先に露天風呂が続く開放的な「大総檜風呂」

女性必見！お肌つるつる 美肌・美人湯

つるつるすべすべ 高アルカリ性で超軟水の湯

深い緑に囲まれた山道を登った先にある温泉宿の、広大な敷地内に設けられた日帰り入浴施設。地下600ｍの自家源泉から湧き出る豊富な湯が、肌にいいと好評だ。というのも、この湯はpH値9・5の高アルカリ性で超軟水の湯。肌をつるつるすべすべにする効果があるとされ、「美肌の湯」と言われている。源泉をベースにした化粧水などのアメニティも備えられている。

温泉は飲用も可能で、「モンドセレクション最高金賞」を受賞したペットボトルも販売している。

100％源泉かけ流しの風呂は、男女それぞれ露天風呂と内湯があり、内湯には温度の異なる2つの湯船を備えている。天城連山を眺めながら、自然と一体化したような湯浴みが楽しめる。

2

1

1 手足を伸ばして寝湯のように入りたい露天風呂　2 別館に併設した食事処「四季彩」で味わえる料理（要予約）　3 お土産にもいい「飲む温泉　観音温泉」140円（350ml）、190円（500ml）

3

寄り道どころ

たっぷりサザエにワサビをのせて

木の温もりあふれるカフェレストランの名物は「サザエわさびパスタ」1420円。欠かせないのが天城産のおろしたてのワサビだ。伊豆の海と山の恵みを一緒に召し上がれ。

ベイ・リーフ

- ☎ 0558-27-1113
- 下田市河内123-4
- 11:30～17:00、18:00～（予約制）
- 休 不定休
- P あり

森の中の隠れ家パン工房

バター、卵、牛乳不使用で、体にやさしい素材にこだわる手作りパンの店。「ハードトースト」や、「そばくるみパン」小350円など石窯で焼いたパンは、外がパリッと中はモチモチだ。

石窯パン工房 **森のおくりもの**

- ☎ 0558-28-1636
- 下田市横川1051-3
- 窯出しは13:30頃～（なくなり次第終了）
- 休 月～木曜（金・土・日曜のみ営業）
- P あり

下田市 ♨

観音温泉 日帰り温泉

観音プリンシプル

かんのんぷりんしぷる

☎ 0558・28・1234

下田市横川1092-1

- 11:00～19:00
- 休 無休
- 【温泉】大人（中学生以上）1300円、子供（0歳～小学生）700円※休前日・休日は大人1500円、子供800円
- 1970年開業 ●露天＝男1・女1 ●内湯＝男1・女1 ●その他＝ジャグジー・サウナ
- 東名沼津ICから70㎞／伊豆急下田駅から送迎バスで25分

温泉Data

- 泉源など●源泉、かけ流し
- 泉質●ナトリウム・カルシウム-アルカリ性単純温泉
- pH値●9.5（アルカリ性泉）
- 源泉温度●51℃
- 湧出量●毎分約250ℓ
- 効能●美肌、神経痛、筋肉痛、関節痛など

源泉かけ流しを贅沢に。炭酸泉で美肌効果も

那賀川中流の山間にある立ち寄り湯。木々に囲まれひっそりと佇む一軒家は秘湯ムード満点だ。野趣あふれる露天風呂は男女1つずつあり、男女を分ける境目部分の浴槽底から源泉がコンコンと湧き出し湯船を満たす。加温も加水もない、源泉そのものを堪能できるのが魅力だ。また、化粧の湯とも呼ばれる炭酸泉は美肌効果もあり、皮膚に浸透しやすいので湯上がり後はいつまでもポカポカ。湯治処として素泊まりもできる。

1 深いところは腰あたりまでの深さ　2 橋を渡って建物の中へ　3 ここから源泉が湧き出ている　4 個室休憩もできる（有料）　5 川のせせらぎが聞こえる無料休憩室

松崎町 ♨ 大沢温泉

大沢荘《おおさわそう》 山の家《やまのいえ》

☎ 0558・43・0217
賀茂郡松崎町大沢川之本445-4

- 8:00～21:00※9～4月は9:00～21:00
- 無休
- 【温泉】大人（中学生以上）500円、子供（小学生）300円【個室休憩】1室4300円（要問い合わせ）【素泊まり】4000円～
- 開業時期不明 ●露天＝男1・女1 ●内湯（貸切）＝混浴1
- 東名沼津ICから84㎞／伊豆急下田駅からバスで38分「大沢温泉口」から徒歩15分

温泉Data

泉源など●源泉、かけ流し
泉質●炭酸泉（カルシウム・ナトリウム-硫酸塩泉）
pH値●8.2（弱アルカリ性泉）
源泉温度●43～44℃
湧出量●毎分180～200ℓ
効能●高血圧、神経痛、胃腸病、皮膚病など

川根本町 ♨ 寸又峡温泉

美女づくりの湯 露天風呂《びじょづくりのゆ ろてんぶろ》

0547・59・3985
榛原郡川根本町千頭366

9:30～18:00（最終入館17:30）※季節によって変動あり

休 木曜（冬期不定休のため要問い合わせ）

【温泉】大人（中学生以上）400円、子供（3歳～小学生）200円、タオル200円

1989年開業 ●露天＝男1・女1

新東名島田金谷ICから60㎞／大井川鐵道千頭駅からバスで40分「寸又峡温泉」下車徒歩5分

肌にとろりと まとわりつく秘境の湯

南アルプスの麓に湧き出る寸又峡温泉の町営風呂。露天風呂が男女一つずつのシンプルな施設だが、それも味わいのひとつ。紅葉などのハイシーズンには行列ができる人気ぶりだ。アルカリ性でとろみが強い湯は、肌の上を滑っていくようにやわらかく、湯上がりの肌はつるつる。寸又峡の旅館の女将さんたちは美肌揃いとの評判もあり、美女づくりの名前にも納得だ。ダム湖に架かる「夢の吊り橋」や「グリーンシャワーロード」など周辺散策を兼ねて出かけてみては。

温泉Data

泉源など	源泉、かけ流し（一部）、循環（一部）、加温
泉質	単純硫黄泉
pH値	9.1（アルカリ性泉）
源泉温度	43℃
湧出量	毎分309ℓ
効能	慢性関節、リウマチ、神経痛、糖尿病、慢性皮膚炎など

1 無色透明の湯には、湯の花が浮いている　2 入り口の販売機で入浴券を買って温泉へ　3 ハイキングコースの手前にあるモニュメント　4 源泉の勢いが湯量の豊富さを物語る

4

3

1

2

女性必見！お肌つるつる

美肌・美人湯

浜松市 ♨ 遠州浜温泉

遠州浜露天風呂

八扇乃湯《はっせんのゆ》

053・426・8000

浜松市南区松島町1960

10:00〜21:00（最終入館20:00）※金・土・日曜、祝日、特定日（年末年始・GW・盆）は〜22:00（最終入館21:00）

休 第3木曜（祝日営業）

【温泉】平日10:00〜大人（中学生以上）864円、子供（3歳〜小学生）432円／平日17:00〜（レイト料金）大人648円、子供324円／土・日曜、祝日、特定日／大人864円、子供432円

1997年開業 ●露天＝男2・女2 ●内湯＝男1・女1 ●その他＝超音波風呂・ジャグジー風呂・水風呂・ミストサウナ・フィンランドサウナ

東名浜松ICから13㎞／JR浜松駅からバスで20分「八扇乃湯前」下車すぐ

マグネシウムたっぷりの湯でうるおい肌に

遠州灘まで徒歩2分、海のすぐ近くにある温泉施設。潮の香りを感じつつ館内へ入ると、まず最初にコイやカモが遊ぶ大池が目に入る。この池は、東海地区最大の大岩が配された露天風呂からも眺められるようになっている。

この温泉の最大の魅力はマグネシウム含有量が日本トップクラスという泉質だ。美肌効果に優れた、女性にこそお薦めしたい美人湯だ。食事処には寿司、刺身、天ぷら、そばなどの和食メニューが揃っている。

温泉Data

泉源など	源泉、循環、加温
泉質	ナトリウム・マグネシウム泉
pH値	6.8（中性泉）
源泉温度	17℃
湧出量	毎分約600ℓ
効能	美肌、神経痛、筋肉痛、関節痛、運動麻痺、関節のこわばり、疲労回復など

1 美人の湯として親しまれる露天風呂 2 男湯・女湯ともにヒノキ造りの能舞台をイメージした露天がある 3 エントランスでまず目に入る「蝦蟇財神」（かまざいしん）の社と大池 4 2階の無料休憩所。テレビ付きリクライニングチェア完備

浜松市 ♨

日帰り天然温泉

あらたまの湯

☎ 053・582・1126

浜松市浜北区四大地9-921

9:00～21:00（最終入館20:00）※土・日曜、祝日は8:00～

休 第1月曜（祝日営業、翌日休み）

¥【温泉】大人（中学生以上）620円、子供（小学生）310円、70歳以上（年齢確認あり）310円

♨ 2007年開業 ●露天＝7（男女入れ替え制）●内湯＝6（男女入れ替え制）●貸切＝1 ●その他＝ジェットバス・サウナ・日替わり湯・シルキー風呂・足湯（屋外・無料）・温泉スタンド（屋外・有料）

新東名浜松浜北ICから8㎞・新東名浜松SA（ETC）から3㎞／遠鉄浜北駅からバス25分「あらたまの湯」下車すぐ

万葉の森に囲まれたとろみのある美肌湯

浜北の県立森林公園近くにある自然に囲まれた日帰り天然温泉。湯は少しとろみがあり、肌にしっとり馴染んですべすべになると評判。「美肌の湯」として親しまれている。

館内は趣の異なる2つのゾーンで構成され、週替わりで男女が入れ替わる。天井が高く開放感のある「森林の湯」は、木の温もりが感じられる空間。モダンで落ち着きのある「石庭の湯」は、目の前に広がる石庭と木々の風景が心地いい。売店コーナーでは入浴剤や漬け物などが、温泉スタンドでは源泉が買えるのも魅力。

温泉Data

泉源など	源泉（一部）、循環、加温
泉質	ナトリウム-炭酸水素塩泉
pH値	8.91（アルカリ性泉）
源泉温度	35.5℃
湧出量	毎分約109ℓ
効能	美肌、打撲、関節痛、痛風、糖尿病、慢性消化器病など

3

1

2

1 天井にも木がふんだんに使われている「森林の湯」 2 落ち着いた雰囲気の「石庭の湯」の露天風呂 3 食事処「あらたま亭」の人気メニュー「刺身定食」1000円。「うな丼ざるそばセット」800円もお薦め

COLUMN 温泉でより健康に

8つの「健康促進プログラム」でストレス解消&リフレッシュ

せっかく温泉に入るのなら、正しい入浴法でより高い疲労回復効果を得たいもの。そんな時にお薦めのプログラムが静岡市の駿河健康ランドにあると聞き、温泉リポート等で活躍中の牧野光子さんが初体験！その魅力を紹介します。

高血圧や動脈硬化など持病がある方も気軽にご相談くださいね!

駿河健康ランド支配人代理・入浴指導員
海老岡幸江さん

Start

まずは指導員によるヒアリング。8種類のコースから自分に合うコースを選ぶ

今日は「ストレス解消コース」を体験します!

フリーリポーター
牧野光子さん

Step 1
かぶり湯10杯からスタート

心臓から遠い手足からかけて、体を慣らす

Step 2
美白炭酸泉/5分

美白成分と炭酸、海水10%が入った37度のぬるめの湯

なめらかなお湯でたちまちお肌がつるつる～

県内で唯一！厚生労働大臣認定の温泉利用プログラム

「いろいろな浴槽にただ好きなように入るのではなく、指導員お薦めの順序で入ることで、より健康効果を期待できます」と話すのは入浴指導員の海老岡さん。駿河健康ランドは、厚生労働大臣認定の「温泉利用プログラム型健康増進施設※」に県内で唯一認定されている。相談も指導も無料なので、気軽に利用してみよう。

※温泉療養の知識・経験がある医師がいる医療機関との連携のもと、温泉利用を中心とした健康増進プログラムを有し、安全・適切に行える施設が認定される。現在全国で30数施設ある。

Step3
バイブラ/5分

細かい気泡が血行を促進

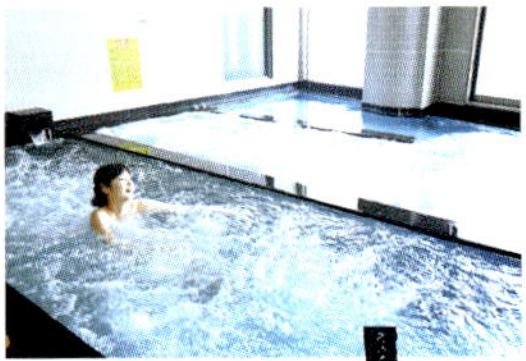

ゴクゴク…

Step 4
休憩/10分

入浴中の失われた水分を補給してリフレッシュ

Step5
サウナ/5分

Step 6
半身浴/10分

全身浴より体への負担が少ない。血液循環を良くし代謝アップ効果も

外気に当たって涼んでもよし。

Step8

休憩/10分

Step7

寝湯/10分

手足を伸ばし、寝そべってリラックス

Step9

海気泉/8分

天然温泉「駿河太古の湯」がなみなみと注がれた樽風呂と露天風呂。樽風呂からは駿河湾の絶景が一望できる

Step10

漢方サウナ/10分

桂皮、陳皮、八角など9種の漢方成分が新陳代謝を活性化させ、デトックス効果が期待できるという

Finish

程良い刺激やマッサージ効果のある浴槽が組み合わされ、体がすっきりしました。ここの魅力は何といっても目の前に広がる景色。温泉と海、ダブルの癒やし効果で気分爽快です。

静岡市 ♨

クア・アンド・ホテル・駿河

駿河健康ランド《するがけんこうらんど》

健康ランドとホテルが一つになった24時間営業の施設。20種類の風呂が楽しめ、露天と樽風呂には400万年以上前に興津の海底地層に封印された化石海水の源泉を引く。湯冷めしにくい湯質も評判だ。

054・369・6111

静岡市清水区興津東町1234

- 24時間営業
- 年中無休
- 大人（中学生以上）2050円、子供（3歳以上）970円 ※深夜割増（午前3時を超えて滞在の場合）1080円【宿泊】6110円～ ※13歳以上には別途入湯税150円 有料の貸し部屋あり
- 2002年開業 ●露天や内湯を含む20の風呂と水着で遊べるバーデゾーン ●その他＝岩盤浴、サウナ、あかすり、エステ、リラクゼーション、スポーツジム、託児施設など
- 東名清水ICから7km／JR興津駅から送迎バスで5分

温泉Data

泉源など●源泉（一部）、循環・加温・加水

泉質●カルシウム・マグネシウム-塩化物冷鉱泉

pH値●6.97（中性泉）

源泉温度●21.2℃

湧出量●毎分550ℓ

効能●神経痛、筋肉痛、関節痛、五十肩、運動麻痺、関節のこわばり、打ち身、くじき、慢性消化器病など

目的に合わせて選べるコースは全8種類！

「ストレス解消」コースのほかに「シェイプアップ」「リフレッシュ」「スポーツマン向け」「高血圧の方にお勧め」など目的別メニューは8種類。源泉に鉄分を含む「黄鉄泉」や体に浸透しやすい成分が入った「炭洞泉」、「全身浴プール」など好奇心を満たす浴槽が満載。ぜひ一度体験してみては。

海風と潮騒が心地いい貸し切り露天風呂「独泉」

ゆったり&のんびり楽しむ

貸切風呂

眼下を見下ろす露天で美肌の湯と絶景を独り占め

貸切露天風呂が日帰りでも利用できる温泉旅館。「竹林」と「独泉」の2つの貸切露天風呂は、解放的な雰囲気と相模湾を見下ろす景観が魅力で、天気が良ければ大島と初島、さらに遠くに房総半島を望むことができる。もちろん大浴場の「楠」と「風」も利用でき、どちらも露天風呂付き。

自家源泉かけ流しの温泉は肌にやさしいにごり湯で、塩気があるのは海に近い温泉ならでは。メタケイ酸含有量が豊富なため、美肌効果が高いと評判だ。

そして湯上がりにお薦めしたいのが旅館内の庭園「花鳥園」の散策。熱海桜やツツジ、枝垂桜、アジサイなど四季折々の花を楽しむことができ、相模湾を望む見晴し台には「雲上」という名の足湯もある。

1 貸切露天風呂「竹林」 2 緑に囲まれたエントランス 3 やさしい日差しが差し込む展望風呂「楠」 4 露天風呂もある大浴場「風」

熱海市 ♨ 網代温泉

南熱海網代山温泉

竹林庵《ちくりんあん》みずの

0120・38・4114
熱海市網代627-363

貸切／11:00～最終入館19:00、
大浴場／13:00～最終入館19:00

無休

【温泉】大人（中学生以上）1070円、子供（小学生）535円、貸切「独泉」1770円・「竹林」2310円（1時間制）【食事付きプラン】昼食代3240円※入浴料別途【1泊2食】22800円～

1979年開業 ●露天＝男1・女1 ●内湯＝男1・女1 ●貸切＝2（露天風呂）

東名沼津ICから41㎞／JR網代駅から車で7分

温泉Data

泉源など	源泉、かけ流し
泉質	カルシウム・ナトリウム-塩化物泉
pH値	8.2
源泉温度	63.1℃
湧出量	毎分約110ℓ
効能	神経痛、筋肉痛、関節痛、打ち身など

寄り道どころ

お土産選びに干物店めぐり

135号沿いに20軒以上の干物店が軒を連ねる、通称「ひもの銀座」。主に網代漁港で水揚げされたアジやイカ、イワシなどを、昔からの手作業で加工・販売している。

ひもの銀座
0557-68-0136（網代温泉観光協会）
熱海市網代漁港近く

行列のできる人気そば処

玄そばをその日使う分だけ石臼で挽き、丁寧に手打ちで仕上げる二八そばは、豊かな香りとコシの強さが評判。写真は「ヒラタケの天せいろそば」1600円。

多賀《たが》
0557-68-1012
熱海市上多賀798
11:00～16:00（15:50LO）
木曜（祝日営業、翌日休み）
P あり

「森のうさぎ」の半露天風呂

森の中に点在する風情ある湯殿が人気

伊豆高原の広大な敷地に宿泊棟や湯殿が点在する、自然に抱かれた宿。森の中に建つ7つの湯殿はすべて貸切という贅沢さだ。

内湯の浴槽にクロモジを使った露天風呂がある「黒文字湯」。杉の皮を葺いた屋根と黒竹の穂の塀に囲まれた「鄙（ひな）の湯」。浴室も脱衣室も総ヒノキ造りの「檜湯殿」など、いずれも趣のある湯殿ばかり。きっとここでしか楽しめない貸切湯めぐりを体験したくなるはずだ。湯殿から湯殿へと続く森の小径も風情があり、そよぐ風も心地いい。

敷地内には料理茶屋が3棟あり、名物の「桜おこわ」や「金目鯛の桜葉締め」などが味わえる「乙女桜膳」（要予約）と入浴がセットなった、食事付きのプランもお薦めだ。

1 風が心地いい「鄙の湯」 2 桜にちなんだおもてなし料理「乙女桜膳」2700円 3 クロモジの香りに癒やされる「黒文字湯」 4 緑に囲まれながらくつろげる食事処

伊東市

伊豆高原・城ヶ崎温泉

花吹雪《はなふぶき》

0557・54・1550

伊東市八幡野1041

11:00～14:00

無休

【温泉】大人（中学生以上）1550円、子供（4歳～小学生）775円※貸切時間50分

【食事付きプラン】入浴料を1230円に割引（要予約）※食事料金別途

【1泊2食】22680円～

1980年開業 ●貸切=7（内湯+露天=1、露天=1、半露天=2、内湯=3）

東名沼津ICから52㎞／伊豆急伊豆高原駅から徒歩13分

温泉Data

泉源など●源泉、かけ流し

泉質●カルシウム・ナトリウム-硫酸塩・塩化物泉

pH値●8.54（アルカリ性泉）

源泉温度●62.2℃

湧出量●毎分約150ℓ

効能●動脈硬化症、切り傷、慢性皮膚病など

寄り道どころ

お薦めは塩スープの梅しそそば

麺は全粒粉の自家製。スープは魚介・鶏ガラで作る無添加無化調。厳選素材を組み合わせて完成させる支那そば（800円～）は、最後の一滴まで美味と評判だ。

わさらび

0557・53・3368

伊東市八幡野400-10

11:30～14:30、17:00～20:00※日曜、祝日は11:00～18:00頃（なくなり次第終了）

休 火曜

P あり

伊豆高原のおしゃれなスイーツ店

人気ナンバー1の生チーズケーキ「森の愛菓」195円や、伊豆産の素材を使用した「バームクーヘン」1188円など、こだわりのスイーツがズラリ。テラス席でのんびり甘いひと時を。

レマンの森

0557・51・8117

伊東市八幡野1244-91

9:00～18:00

休 水曜、第3木曜

P あり

東伊豆町 ♨ 稲取温泉

貸切風呂の宿

稲取赤尾ホテル海諷廊《いなとりあかおほてるかいふうろう》

0557・95・2222
賀茂郡東伊豆町稲取1050

15:00～19:00

無休※臨時で休館日あり

【温泉】大人(中学生以上)1300円、子供(2歳～小学生)800円　【入浴&夕食バイキングプラン】大人(中学生以上)5400円、小学生2210円、3～6歳756円※要予約・前日まで【1泊2食】12960円～

1962年開業 ●露天=2(時間で男女入れ替え) ●内湯=2(時間で男女入れ替え) ●貸切=6

東名沼津ICから75㎞／伊豆急伊豆稲取駅から送迎バスで5分

6つの個性派風呂で贅沢な湯めぐり体験

趣の異なる6つの貸切風呂が人気を呼んでいる宿。ヒノキが香る「檜の湯」、露天風呂と内湯が楽しめる「段段の湯」など、空いている時間帯なら最大6つの湯を堪能する湯めぐりもできる。また入浴と夕食バイキングがセットになったプランもあり、新鮮な魚介や山の幸が楽しめる。目の前で魚をさばいて刺身にしてくれるなど、家族連れにも好評だ。もっとゆったり時間を気にせず、すべての湯と食事を堪能するには、宿泊もお薦め。

温泉Data

泉源など●源泉、加水、循環(一部)
泉質●ナトリウム・カルシウム-塩化物泉
pH値●7.46(中性泉)
源泉温度●84℃
効能●神経痛、筋肉痛、関節痛、五十肩、打ち身、慢性消化器病、痔疾、冷え症など

1 家族利用に最適な貸切風呂「吾妻屋露天風呂」　2 水中ライトが幻想的な「露天風呂付き庭園大浴場」　3 6階大浴場にある潮風が心地いい「ジャグジー風呂」　4 貸切風呂「檜の湯」

伊豆長岡温泉

サンバレー《さんばれー》
伊豆長岡本館《いずながおかほんかん》

055・948・3800
伊豆の国市長岡659

12:00〜21:00(最終入館20:00)

無休

【温泉】大人(中学生以上)850円、子供(4歳〜小学生)600円 【日帰りディナーバイキングプラン】(入浴+夕食)大人4320円、子供2700円※土・日曜、祝日は大人5400円、子供2700円 【昼食付き日帰り宴会プラン】(入浴+昼食宴会)3240円〜(10名〜) 【貸切温泉和楽】(貸切風呂+昼食弁当+客室休憩)6480円 【1泊2食】12960円〜

1981年開業 ●露天=男1・女1 ●内湯=男1・女1 ●貸切=5(和楽日帰りプラン)

東名沼津ICから21.5㎞/伊豆箱根鉄道伊豆長岡駅から送迎バスで15分

15種類以上の湯と部屋休憩で温泉宿を満喫

まるで温泉パークのような多彩な風呂が楽しめる旅館。奈良の法隆寺・夢殿をモチーフにした「満天の湯夢殿」は300坪の広さを誇り、「六角大ひのき風呂」や「庭園露天風呂」、「つぼ湯」など15種類以上の風呂がある。1000円以下でこれだけの温泉が楽しめるのはかなりお得だ。お薦めは露天風呂と内湯が貸切できる「和楽プラン」。最大6時間利用可能な部屋休憩と、昼食弁当が付くのでのんびりしたい時にぴったり。「温泉まんが図書館」は男性に好評。

温泉Data

泉源など	源泉、かけ流し、循環(一部)、加温(一部)、加水(一部)
泉質	アルカリ性単純温泉
pH値	9.0(アルカリ性泉)
源泉温度	59.9℃
効能	神経痛、筋肉痛、関節痛、五十肩、運動麻痺、関節のこわばり、打ち身など

1 自然光の入る高い天井が心地いい「六角大ひのき風呂」 2「和楽プラン」の露天風呂の一例 3 多種多様な風呂が点在する「満天の湯夢殿」 4 和・洋・中の料理が揃う日帰りディナープランのバイキング

ゆったり&のんびり楽しむ
貸切風呂

田代の郷温泉

伊太和里の湯《いたわりのゆ》

0547・33・1148
島田市伊太88-1

9:00～21:00（最終入館20:30）

月曜（祝日営業、直近の平日休み）、1月1日

【温泉】大人（中学生以上）510円、子供（小学生）300円

2009年開業 ●露天＝男1・女1 ●内湯＝男1・女1 ●貸切＝2 ●その他＝人口炭酸泉・寝湯

新東名島田金谷ICから9㎞／JR島田駅からコミュニティバスで33分・JR金谷駅からコミュニティバスで40分

部屋付きだから旅館気分で楽しめる

内風呂には美肌効果があると言われる「田代の郷温泉」の源泉を、露天風呂には他源泉から運んだ湯を使用し、2種類の異なる温泉が楽しめる。さらに公共の施設ではあまりない、部屋付きの貸切風呂が2部屋。1日4組限定だ。

6畳の和室に御影石の露天風呂があるのが「露天」。4・5畳の洋室に椅子と机が設置してある内湯「檜（ひのき）」は、車椅子でも利用できるバリアフリー。食事処「くつろぎ」の料理を部屋でゆっくり味わうこともできる。

温泉Data

泉源など● 源泉（内湯・露天・貸切）、循環（一部）、かけ流し（一部）、加温（一部）
泉質●ナトリウム-塩化物・炭酸水素塩泉
pH値●8.2（弱アルカリ性泉）
源泉温度●43.4℃
湧出量●毎分116ℓ
効能●神経痛、筋肉痛、関節痛、五十肩、運動麻痺、関節のこわばり、打ち身など

1 貸切風呂「檜」。使用料は1室2時間2050円～（事前予約制） 2 奇数日に女湯となる「満天の湯」の露天風呂。「森林の湯」は男湯になる 3 貸切風呂「露天」の休憩室 4 食事処のお薦め「梅風味天おろしそば」770円と「梅ちらし寿司丼」910円

4

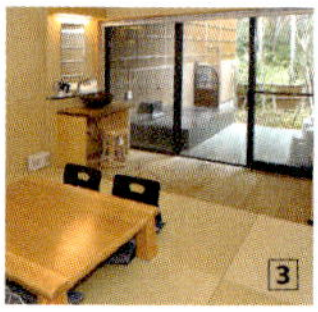

7つの貸切風呂と薬石汗蒸房が人気

日帰り温泉施設には珍しい、貸切の家族風呂が7種類も揃うと人気の湯処。信楽焼の陶器風呂や自然石をくりぬいた風呂、高野マキが素材の樽風呂、少し広めの特別風呂など趣向を凝らしたものばかりだ。もちろん源泉かけ流しの大浴場もあり、露天、内湯、座湯、炭酸風呂、壺湯などが楽しめる。そして最大の特徴は5種類の薬石汗蒸房（やくせきはんじゅんぼう）。ミネラル鉱石や岩塩、薬草を使った着衣サウナで思い切り汗を流して、目指せデトックス！

浜松市

薬石汗蒸房

風と月《かぜとつき》

053・584・6199

浜松市浜北区平口2861
サンストリート浜北1F

9:00〜24:00※土・日曜、祝日は8:00〜

無休（年3回点検のため、休館あり）

【温泉】大人（中学生以上）780円、子供（中学生未満）250円※会員価格あり

2009年開業 ●露天＝男1・女1 ●内湯＝男1・女1 ●その他＝岩風呂・ジェット風呂・壺湯・炭酸風呂・白湯

東名浜松西ICから10㎞・新東名浜松浜北ICから8㎞／遠鉄浜北駅からバスで15分「サンストリート浜北」下車すぐ

1 信楽焼の湯船が人気の家族風呂「杖立（つえたて）」
2 ゆったりとした造りの特別風呂「黒川」
3 薬石汗蒸房のひとつ、トロッコ式麦飯石サウナ「車蒸房（しゃじゅんぼう）」
4 信楽焼きの「壺湯」

温泉Data

泉源など	源泉、かけ流し（一部）、循環（一部）、加温（一部）、加水（一部）
泉質	ナトリウム・カルシウム-塩化物泉
pH値	8.5（アルカリ性泉）
源泉温度	30℃
湧出量	毎分170ℓ
効能	切り傷、やけど、慢性婦人病、冷え症、神経麻痺など

O-haku Onsentabi 3

0泊温泉旅
梅ヶ島温泉編

Umegashima Onsen

緑深い山の景色と、ぬるつや湯に癒やされる

静岡市街から県道29号を北へ、安倍川沿いをひた走り山の景色が大きく近づいてきたころ、ひっそりと山懐に抱かれた温泉郷、梅ヶ島温泉にたどり着く。ここは泉質の異なる3つの源泉を持つ温泉郷。その内の梅ヶ島温泉と、新田温泉のはしご湯を堪能し、土地の名物おでんやこんにゃく、そば、ヤマメなど、山里ならではの素朴な味を楽しむ旅だ。お土産は自分で狩ったシイタケと、なによりうれしい肌のうるおい。忙しい日常を忘れて、山の景色と湯に浸ろう。

安倍峠
三段の滝
おゆのふるさと公園
湯元屋
梅ヶ島温泉
安倍の大滝
梅ヶ島
梅ヶ島新田温泉
奉行屋敷跡
日影沢金山跡
黄金の里
黄金の湯
赤水の滝
コンヤ温泉
テニス場
梅ヶ島梅園
桜園
梅ヶ島キャンプ場
望月しいたけ園
29
N
安倍川
うつろぎ
有東木
県道梅ヶ島温泉昭和線
29
平野
見月茶屋
大河内中・小学校
JA
真富士の里
新東名新静岡IC

ぬめりが
しっとりお肌に
なる秘密!?

湯元屋《ゆもとや》「虹乃湯《にじのゆ》」

梅ヶ島温泉街の最も奥にある食事処「湯元屋」の日帰り温泉。浴室には硫黄の匂いが漂い、湯はぬめりがあってやわらかい。露天風呂もこぢんまりしていてシンプルそのものだが、そこが知る人ぞ知る隠れ湯のようでいい。湯上がり後の肌のしっとり感も魅力だ。

054・269・2318
静岡市葵区梅ヶ島5258-13

10:00～17:00(16:00最終入館)
不定休
【温泉】700円(中学生以上)、子供(3歳～小学生)300円、タオル200円 ※持参の人は入浴料のみ
2001年開業 ●露天=男1・女1 ●内湯=男1・女1
新東名新静岡ICから車で37km／JR静岡駅からバスで120分「梅ヶ島温泉入口」下車徒歩2分

露天風呂からは安倍川の力強く流れる音が聞こえる

温泉Data

泉源など●源泉、かけ流し(内湯)、循環(露天)、加温
泉質●アルカリ性単純硫黄泉
pH値●9.6(アルカリ性泉)
源泉温度●38.2℃
効能●神経痛、関節痛、五十肩、打ち身、くじき、慢性消化器病、冷え症、疲労回復など

梅ヶ島の湯を伝えたい、と地元に生まれ育った小泉進一さん・久己さん兄弟が休憩所となる食事処と虹乃湯を開業した

人気メニューのおでんは1本100円。好みでゆず味噌、だし粉をかけて

「山菜とろろ冷しそば」700円。イワナやヤマメ、アユの「塩焼き」各650円もお薦めだ

公園へと向かう川沿いに温泉旅館が立ち並ぶ

おゆのふるさと公園

公共の温泉施設跡に造られた小さな公園。梅ヶ島温泉の歴史は古く、約1700年前にさかのぼるとか。戦国時代には信玄の隠し湯と言われ、美人づくりの湯としても親しまれてきた。

公園内にある「湯之神社」

山の景色が美しい
絶景露天風呂

梅ヶ島新田温泉

黄金の湯《こがねのゆ》

054・269・2615

静岡市葵区梅ヶ島5342-3

9:30～17:30（17:00最終入館）※12～3月は～16:30（16:00最終入館）

休 月曜（祝日営業、翌日休み）

【温泉】大人（中学生以上）700円、子供（3歳～小学生）300円

1999年開業 ●露天＝男1・女1 ●内湯＝男1・女1 ●その他＝ぬるい湯・打たせ湯

新東名新静岡ICから46.5km／JR静岡駅からバスで100分「新田温泉黄金の湯」下車徒歩2分

静岡の市街地から車で約70分の公共温泉。露天風呂から見る山の景色が魅力で、山桜、新緑、紅葉と季節と共に表情を変え楽しませてくれる。無色無臭の湯だが、ぬめりがあるのが特色で、風呂から上がると肌はつるつる、しっとり！

露天風呂用日除け笠

大小2つの広間があり、飲食可。持ち込み自由のためお弁当持参の人も多い。アルコールの持ち込みもOK

温泉Data

泉源など	源泉、循環、加温
泉質	ナトリウム-炭酸水素塩泉
pH値	9.0（アルカリ性泉）
源泉温度	29.5℃
湧出量	毎分121ℓ
効能	神経痛、関節痛、運動麻痺、慢性消化器病、冷え症、疲労回復、切り傷、やけど、慢性皮膚病など

出入り自由のため周辺散策を楽しんでから、もうひとっ風呂してもいい

O-haku Onsentabi 3

0泊温泉旅
梅ヶ島温泉編

Umegashima Onsen

地元でとれた
山菜が美味！

黄金の里《こがねのさと》

黄金の湯に隣接する食事・お土産処。一番人気の「黄金そば膳定食」1000円は山菜そば、マスの甘露煮、味噌こんにゃく、きび飯がセットになったメニュー。「黄金とろろそば」750円や「抹茶アイスクリーム」300円もお薦め。

「ほお葉もち」110円（1個）。地元のお母さんたちが作る「黄金の里手作り米こうじ味噌」450円（600g）も人気

自家製味噌のタレで食べる「手作りみそこんにゃく」320円。お土産用の「手作りさしみこんにゃく」230円もある

054・269・2211

静岡市葵区梅ヶ島5342-3

10:00～16:00、食堂は11:00～16:00（15:30LO）

休 月曜（祝日営業、翌日休み）

P あり

赤水の滝《あかみずのたき》

「黄金の湯」から少し下ったところにある絶景スポット。落差約60mの豪快な滝だ。「森」気分が味わえる遊歩道を歩いて1~2分で展望台に着く。滝の音と清々しい空気が心地いい。

望月しいたけ園

通年でシイタケ狩りが楽しめて、お土産にもなるとファミリーに人気。原木シイタケは香りも歯応えもよく、焼いても、揚げても美味。1000円(500g)で持ち帰ることができる。

☎ 054•269•2124
静岡市葵区梅ヶ島3213-3

🕘 8:00~17:00(要予約)
㊡ 不定休
Ⓟ あり

店に入るやいなや、いきなり現れる赤く大きな火柱に驚くが、ここで魚を焼いている

山女魚の里

見月茶屋《みつきぢゃや》

梅ヶ島街道沿い、平野にあるヤマメ(正式にはアマゴだがこの地域では昔からヤマメと呼ぶそう)料理の店。塩焼き、刺身、甘露煮、唐揚げのほかに生肝、つみれといった珍しいメニューも味わえる。

☎ 054•293•2151
静岡市葵区平野2019

🕘 11:00~18:00 ※18時以降は4人以上で要予約
㊡ 火曜(祝日営業、振替あり)
Ⓟ あり

臭みがなく、あっさりとした味わいの「やまめ刺身」900円

頭も骨もバリバリ豪快に!

「やまめ塩焼き」500円

2階が座敷席になっていて、沢の水音とうっそうと茂る木々が心地いい

眼下に相模湾を一望する完全源泉かけ流しの露天風呂

一度は入ってみたい 個性派風呂

温泉と漢方で美しく 女性だけの特別な空間

相模湾を一望する高台にある女性限定スパ。13歳以下は入館できないため、大人の女性がゆったり静かにくつろげる。1階はデトックスフロアで100%源泉かけ流しの天然温泉と、美肌効果の高い五福湯や緑茶湯、冷え症にいい麦蓮湯のほか、韓国伝統の黄土汗蒸幕（おうどはんじゅんまく）やよもぎ蒸しといった漢方を使った温泉もある。

2階は季節を問わず泳げる屋外温泉プールと、本場韓国料理が味わえるレストランを設けたリラックスフロア。3階はヘアサロンとエステを完備したビューティフロアで、まさに女性の美を体の内外からサポートしてくれる贅沢な空間だ。まずは見晴らしのいい絶景露天風呂に浸かり、ゆっくり今日の「美プラン」を練ってみて。きっと贅沢な時間が過ごせるはず。

1 一年を通して利用可能な温泉プール 2 2つの檜風呂のほか緑茶湯、五福湯を設けた内湯。漢方の茶葉も韓国から直接仕入れる 3 レストランでは「チヂミ」や「サンゲタン」などが味わえる 4 「よもぎ蒸し」は生理痛や便秘にも効果的 5 優雅に足湯を楽しむのもいい

熱海市 ♨ 熱海温泉

日帰りトータルビューティスパ

森の城 美ing《もりのしろ びいんぐ》

0557・82・6565
熱海市熱海1876-10

9:30～20:00(最終入館18:00)
※レストランは～17:00LO

休 無休

【温泉】3240円※13歳未満入館不可・女性限定

1999年開業 ●露天＝女1 ●内湯＝女5 ●その他＝よもぎ蒸し・黄土汗蒸幕・ボディパックサウナ・美脚湯(足湯)

東名沼津ICから30㎞／JR熱海駅から送迎車で10分(要予約)

温泉Data

泉源など	源泉、かけ流し
泉質	カルシウム・ナトリウム-硫酸塩・塩化物泉
pH値	8.0(弱アルカリ性泉)
源泉温度	61.9℃
湧出量	毎分約76.2ℓ
効能	切り傷、やけど、慢性皮膚病、慢性婦人病、動脈硬化など

寄り道どころ

天然塩で仕上げた「黒きんつば」

熱海ブランド認定の銘菓「伊豆乃踊子」など和菓子が豊富な老舗。人気は黒米や黒豆、黒ごまを使った「黒きんつば」324円(2個)。併設カフェでお茶と共に味わえる。

菓子舗 間瀬《ませ》 熱海咲見町店
0557-81-6660
熱海市咲見町4-29
9:00～18:00
※カフェは17:30まで
休 木曜
P あり

カウンター6席だけの鮨の名店

仕入れは一級品が集まる築地から。メニューはお薦めが味わえる「にぎり」5400円と、酒肴や旬の刺身、小鉢などが付く「おまかせ」(12960円～)のみ。予約がお薦め。

すし処 美旨《みよし》
0557-82-5469
熱海市昭和町13-1
営業時間は予約による
休 不定休
P なし

2週間ごとに替わる「湯巡り温泉」は全国の名湯が楽しめる

1日たっぷり遊べる温泉テーマパーク

２万坪の広い敷地内に14種類もの風呂を備えた静岡市最大級の温泉施設。自家源泉の露天風呂や内湯のほか、「玉造」・「龍神」・「別府」・「山代」といった全国の名湯を再現した「湯巡り温泉」、10数種類の漢方生薬が入った「自然薬草風呂」、さらに「水着露天」や「岩盤風呂」…。１日では入りきれないほどの風呂が揃う、まさに温泉テーマパークだ。

お腹がすいたら駿河湾の幸が食べられるレストラン「二升五合」や、カレーやタコ焼きなどの軽食メニューがある「養生庵」へ行くもよし。あかすりやボディケア、足つぼマッサージで癒やされるもよし。１日たっぷり楽しむことができる。20人以上で頼める送迎バスもあるので、グループなら「日帰り温泉付き宴会プラン」もお薦めだ。

1 女湯「泰平の湯」の露天風呂　2「日帰り温泉付き宴会プラン」の一例　3 夜12時まで営業しているのも魅力　4 時間制限なし! プラス300円で楽しめる「岩盤風呂」　5 宿泊施設があり、客室の時間貸し(3時間・3000円〜)も可

静岡市 ♨

大江戸温泉物語

天下泰平の湯《てんかたいへいのゆ》

054・237・4126

静岡市駿河区古宿294

6:00〜24:00

無休

【温泉】大人(中学生以上)700円※土・日曜、祝日、特別日は900円、子供(小学生)400円
【日帰り温泉付き宴会プラン】(入浴+夕食宴会)4320円〜【1泊2食】9500円〜

2010年開業 ●露天=男1・女2 ●内湯=男2・女4 ●その他=薬草湯・岩盤風呂

東名静岡ICから7㎞／JR静岡駅から東静岡駅経由の専用シャトルバスで30分

温泉Data

泉源など●源泉、循環(一部)、加温
泉質●ナトリウム-塩化物冷鉱泉
pH値●7.6(弱アルカリ性泉)
源泉温度●22℃
湧出量●毎分約40ℓ
効能●関節痛、五十肩、慢性消化器病、冷え症、切り傷、やけど、慢性皮膚病など

寄り道どころ

漁があった日限定の「生しらす丼」

老舗シラス店の直営食堂だから鮮度は太鼓判。用宗港から直送されたシラスがのる「生しらす丼」(漁期限定)600円は絶品だ。「釜揚げしらす丼」600円は一年中食べられる。

どんぶり工房
054・237・2246
静岡市駿河区高松3373
11:00〜14:00
休 雨天
P あり

焼き立てパンを海の見えるテラスで

卵と牛乳を使わずヘルシーに焼き上げた「山型豆乳パン」350円や、駿河湾ならではの「駿河湾発しらす焼きカレーパン」160円が人気。無料のコーヒーサービスも。

オリーブの樹
054・266・9205
静岡市駿河区高松3093-27
9:00〜15:00
休 月曜(祝日営業、翌日休み)
P あり

伊豆市 ♨ 船原温泉

船原館《ふなばらかん》

☎ 0558・87・0711
伊豆市上船原518-1

🕐 13:00〜16:00

休 不定休

¥ 【温泉】800円【入浴+たち湯】1500円（45分）【日帰りワッツ】10000円（60分）※要予約【1泊2食】9720円〜

♨ 1958年開業 ●露天=1（男女入れ替え制）●内湯=男1・女1 ●貸切=1（たち湯）

🚗 東名沼津ICから34㎞／伊豆箱根鉄道修善寺駅からバスで21分「船原温泉」下車徒歩1分

究極のリラクゼーション 体を解きほぐす「ワッツ」

全国でも珍しい「ワッツ」専用温泉を持つ旅館。ワッツとは、水深1・2m、約36℃の温泉の中で受けるアクアセラピーで、インストラクターに体を預け、全身を揺らしてほぐすリラクゼーション法。体だけでなく心までも解きほぐしてくれると評判だ。そしてワッツの後は源泉100％かけ流しの温泉をゆっくり堪能。天城の山々を望む露天風呂に浸かれば、効果も倍増だ。ワッツと温泉が融合した現代版の湯治、ここでしか受けられない究極の癒やしを体験してみては。

温泉Data

泉源など	源泉、かけ流し
泉質	単純温泉
pH値	8.0（弱アルカリ性泉）
源泉温度	47℃
湧出量	毎分130ℓ
効能	神経痛、冷え症、疲労回復など

1 緑と風が心地いい露天風呂
2 内湯と露天は時間帯で男女が入れ替わる
3 ワッツを行う水深1.2mの「たち湯」
4 体も心も癒やしてくれるワッツは水中指圧の略語

自然のパワーを感じる溶岩と巨木の露天風呂

伊豆天城山麓の狩野川沿いに佇む宿。井上靖や木下順二が毎年のように訪れるなど、文人墨客に愛された宿として名高い。そんな宿の名物が、日本一の大きさを誇る2つの露天風呂だ。地中から掘り起こした重さ53トンもの溶岩をくり抜いた「巨石風呂」と、樹齢1200年の大木で造った「巨木風呂」。自然のパワーをもらえそうな迫力満点の風呂を、ぜひ体験してほしい。民芸調に統一された館内や四季の移ろいが楽しめる庭も魅力的だ。

1 大きさに圧倒される「巨石風呂」 2 木の温もりが伝わってくる「巨木風呂」 3 趣ある廊下の先に露天風呂がある 4 黒く燻された柱や梁が印象的な民芸調のロビー

伊豆市 ♨ 湯ヶ島温泉

民芸と民話の宿

白壁荘《しらかべそう》

0558・85・0100
伊豆市湯ヶ島1594

- 12:00〜15:00(平日のみ・要予約)
- 休 土・日曜、祝日(宿泊のみ営業)
- 【温泉】大人(中学生以上)1000円、子供(小学生)500円 【1泊2食】14000円〜
- 1954年開業 ●露天=男1・女1 ●内湯=男1・女1 ●貸切=1
- 東名沼津ICから36㎞／伊豆箱根鉄道修善寺駅からバスで30分「湯ヶ島温泉口」下車徒歩5分

温泉Data

泉源など	源泉、かけ流し(一部)、循環(一部)
泉質	カルシウム・ナトリウム-硫酸塩泉
源泉温度	45〜47℃
湧出量	毎分124ℓ
効能	神経痛、糖尿病、リウマチ、神経病など

一度は入ってみたい
個性派風呂

小山町 ♨ 須走温泉

須走温泉《すばしりおんせん》 天恵《てんけい》

☎ 0550・75・2681
駿東郡小山町須走112-171

10:00〜24:00（最終入館23:20）

休 無休

【温泉】大人（中学生以上）900円、子供（6〜12歳）500円、幼児（3〜5歳）200円※土・日曜、祝日料金あり

2006年開業 ●露天＝男2・女3 ●内湯＝男1・女1 ●水着ゾーン＝露天5、内湯5

東名御殿場ICから13㎞／JR御殿場線御殿場駅からバスで25分「富士高原ゴルフ場」下車徒歩5分

家族で出かけたい 富士山に一番近い温泉

富士山を望む標高850m地点にある、ファミリーやカップルにも人気の温泉施設。というのも、ここには水着で男女関係なく楽しめる「水着ゾーン」があるから。富士山の見える「庭園露天風呂」のほか、「ドクター魚魚」や「炭酸泉」のある内湯など、個性的な浴槽が揃うのも魅力だ。そして締めには源泉かけ流しのお風呂ゾーンへ。露天風呂や女性専用の「露天ひのき風呂」でゆっくり過ごしたい。金曜のレディースデーにだけ登場する「コラーゲン風呂」もお見逃しなく。

温泉Data

泉源など	源泉、かけ流し、加温（一部）
泉質	アルカリ単純温泉
pH値	9.7（アルカリ性泉）
源泉温度	36.9℃
効能	美肌、神経痛、筋肉痛、関節痛、五十肩、関節のこわばり、打ち身など

1 広々とした水着ゾーンの内湯「ぷーろ」 2 春はツツジ、秋は紅葉が美しい「庭園露天風呂」 3 肌の角質を取ってくれるドクター魚魚 4 お風呂ゾーンの湯は100%天然温泉。「美肌の湯」として女性に人気

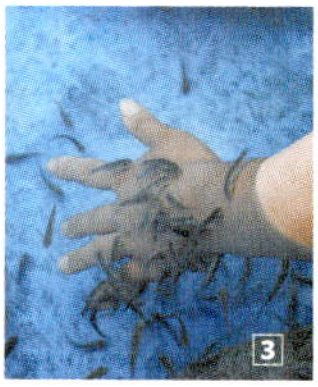

COLUMN

道の駅で温泉三昧

ドライブ途中にひとっ風呂! そんなお手軽温泉なら「道の駅」がお薦め。天然温泉に入って、ご当地グルメやお土産を買って、一石三鳥だ。

伊東市 ♨ 伊東温泉

道の駅・海の駅 伊東マリンタウン「シーサイドスパ」

0557・38・1811
伊東市湯川571-19

シーサイドスパ／朝湯営業5:00～10:00（最終入館9:30）、通常営業10:00～22:00（最終入館21:00）※繁忙期特定日営業あり　足湯／9:00～16:00※季節変動あり　レストラン／6:00～10:00（9:00LO）、11:00～20:00（19:30LO）

不定休※朝湯は第1金曜休

【温泉】大人（中学生以上）1000円、子供（3歳～小学生）540円※朝湯営業は大人540円、子供270円※繁忙期は特定日の料金設定あり

2001年開業 ●露天＝男1・女1 ●内湯＝男1・女1 ●その他＝グループジャグジー（家族風呂）・打たせ湯・アロマバス・ドライサウナ・水風呂

東名沼津ICから46.5㎞

温泉Data

泉源など●源泉、循環、加温、加水（一部）
泉質●カルシウム・ナトリウム-塩化物・硫酸塩泉
pH値●8.6（アルカリ性泉）
源泉温度●38℃
湧出量●毎分150ℓ
効能●神経痛、筋肉痛、関節痛、打ち身、くじき、切り傷、やけど、慢性皮膚病など

第4土曜は女湯が「バラ風呂」に

「シーサイドスパ」があるのはスパ棟の2、3階。大きな窓が開放的な大浴場と内湯のほか、貸切ジャグジー（予約）も。眼下にマリーナ、遠くは伊豆大島まで見える絶景を楽しめる、リラクゼーションサロンもある。

1「シーサイドスパ」の大浴場　2 セレブ気分で貸切ジャグジー　3 全長43mの屋外足湯「あったまり～な」

松崎町 ♨ 大沢温泉

道の駅 花の三聖苑伊豆松崎「かじかの湯」

0558・42・3420
賀茂郡松崎町大沢20-1

かじかの湯9:00～20:00（最終入館19:30）／特産品直売所・売店・レストラン・喫茶軽食9:00～17:00

無休

【温泉】大人（中学生以上）500円、子供（小学生）300円

1996年開業 ●露天＝男1・女1 ●内湯＝男1・女1

東名沼津ICから76.8㎞

温泉Data

泉源など●源泉、循環、加温、加水（一部）
泉質●アルカリ性単純温泉
pH値●8.3（弱アルカリ性泉）
源泉温度●45.3℃
湧出量●毎分40ℓ
効能●神経痛、筋肉痛、関節痛など

春は川沿いに咲く桜1200本の絶景も

裏手を流れる那賀川の景色を楽しみ、せせらぎを聞きながら、湯に浸かることができる。露天と内湯のほか、無料の和室休憩所も完備。食事処「天城山房」の「桜葉アイス」は松崎らしい一品だ。

1 風が心地いい男女別の「岩風呂」
2 桜葉の塩漬け入り「桜葉アイス」310円

湯船中央の丸太を境に、奥は1m以上の深さになっている

ひなびた風情に癒やされる

レトロな隠れ湯

歴史ある名旅館の日本一の総ヒノキ風呂

江戸時代末期の１８６７年から約１５０年続く老舗温泉旅館。下田市街から稲生沢川の上流約３㎞の山間、金谷山を背景に、２千坪の敷地に佇む。

宿の名物は、日本一を誇る総ヒノキ造りの千人風呂（混浴・女性はバスタオル利用可）。長さ15m、幅５ｍもある源泉かけ流しの浴槽は、まさに圧巻。ヒノキが香る広い浴槽に身を委ね、名湯を堪能しよう。

木造では国内最大という女湯「万葉の湯」も、長さ11m、幅５ｍあり、泳げるほどの深さと広さ。源泉は無色透明で飲泉も可能だ。ほかにも打たせ湯と泡風呂を備えた男女別露天風呂、貸切風呂の「一銭湯」などがあり、いずれも自家源泉から湧き出る温泉をかけ流す贅沢な湯船だ。

1 湯温の異なる4つの浴槽がある木造の女湯「万葉の湯」 2 明治末頃に、入湯料が一銭だったことから名付けられた貸切風呂「一銭湯」 3 夜は星空が楽しめる露天風呂 4 昭和4年に建てられた本館2階の客室

下田市 ♨ 河内温泉

千人風呂

金谷旅館《かなやりょかん》

☎ 0558・22・0325
下田市河内114-2

9:00~22:00(最終入館21:00)※2時間まで
※平日午前は清掃等の場合あり

休 無休

【温泉】大人1000円、小学生500円、幼児(0歳~)300円
【食事付きプラン】(入浴+昼食)1850円~(ざるそば・かけそば各850円~)
【1泊2食】16350円~

♨ 1867(慶応3)年 ●露天=男1・女1(打たせ湯・泡風呂付き) ●内湯=男(混浴可)1・女1 ●貸切=2※貸切風呂の日帰り利用は10:00~14:00の間の1時間

東名沼津ICから75㎞/伊豆急蓮台寺駅から徒歩4分

温泉Data

泉源など	源泉、かけ流し
泉質	単純温泉
pH値	8.1(弱アルカリ性泉)
源泉温度	48.3℃
湧出量	毎分約300ℓ
効能	神経痛、筋肉痛、関節痛、運動麻痺、慢性消化器病、病後回復期、疲労回復、冷え症など

寄り道どころ

農家直送の朝採り野菜をお土産に

下田、南伊豆、河津、松崎地区の農家が丹精込めて作った新鮮な農産物が並ぶ。ウコンの粉末や手作りジャム、外浦の天然塩、ふのり、手作り惣菜やパンなども手頃に買える。

旬の里
☎ 0558・27・1488
下田市河内281-9
8:30~17:00
休 無休
P あり

天然塩と鮮度のよさが旨さの秘密

一番人気は脂がのった「マアジ」の干物。上品な味わいの「カマス」や独特の旨味が楽しめる「ムロアジ」、ちょっと贅沢な「キンメダイ」のファンも多い。全国発送も可能。1枚100円~。

小木曽商店本店
☎ 0558・22・0154
下田市2-9-30
8:30~17:30
休 無休
P あり

貸切利用もできる２階の内湯。窓から入る日差しがやさしい

昭和レトロな意匠と かけ流しの湯が人気

河津町にある峰温泉・峰大噴湯公園に隣接する宿。80余年の歳月を経た庭園と数寄屋造りの佇まいに、さぞや高級な旅館だろうと敷居の高さを感じるが、現在は素泊まりと立ち寄り湯のみの営業。気軽に訪れることができる。

大噴湯から源泉を引いている温泉は、1階と2階の2カ所。それぞれ異なる雰囲気を楽しめるのが魅力だ。1階は大浴場の先に、大岩と古代ヒノキを使った露天風呂が続く癒やしの湯。2階にはファンが多い内湯があり、レトロな雰囲気のタイルや古いガラス窓など、創業当時から変わらない昭和初期の風情が漂う。ノスタルジックな空間にどっぷり浸ってゆったりと過ごしたい。いずれの温泉も貸切が可能なので、希望者は事前に連絡しよう。

1 1階にある大岩と古代ヒノキの露天風呂　2 昭和初期の風情が漂う　3 季節によって表情を変える庭園　4 数寄屋・書院造りの客室　5 隣接する大噴湯公園

河津町 ♨ 峰温泉

花舞 竹の庄《はなまい たけのしょう》

☎ **0558・32・0261**
賀茂郡河津町峰487-2

11:00～15:00
(休) 不定休(要連絡)
【温泉】大人(中学生以上)1000円、子供(小学生)500円
【素泊まり】6610円※大人2人～
♨ 1933年開業 ●貸切=露天1・内湯2
東名沼津ICから61㎞／伊豆急河津駅からバスで5分「峰温泉」下車徒歩4分

温泉Data

泉源など	源泉、かけ流し
泉質	ナトリウム-塩化物泉
pH値	8.5(アルカリ性泉)
源泉温度	99.3℃
湧出量	毎分約632ℓ
効能	神経痛、筋肉痛、関節痛、五十肩など

寄り道どころ

お土産に「カーネーション」はいかが

河津の名産・カーネーションを栽培する園芸店。約18種類とバリエーションが豊富で、中には市場に出回らない珍しい品種もある。1本120円と価格もお手頃だ。

吉田園芸店

☎ 0558·32·1300
賀茂郡河津町峰731
9:00～16:00
(休) 不定休
(6～9月は花の販売なし)
(P) あり

これぞ本物!「温泉たまご」

100℃の温泉が勢いよく噴き上がる「大噴湯」や足湯が楽しめる「大噴湯公園」の名物といえばこれ。温泉で茹でる「大噴湯たまご」2個150円だ。温泉成分のおかげで塩加減も絶妙。

峰温泉大噴湯公園

☎ 0558·34·0311
賀茂郡河津町峰466-1
9:00～16:00※大噴湯は9:30～15:30の間、1時間に1回
(休) 火・金曜※桜まつり期間中は12:30頃からオープン
(P) あり

ひなびた風情に癒やされる
レトロな隠れ湯

1 2

熱海市 ♨ 熱海温泉

福島屋旅館《ふくしまやりょかん》

☎0557・81・2105
熱海市銀座町14-24

11:00～最終受付19:00

休 無休

【温泉】大人（中学生以上）400円、小学生200円、幼児・乳児100円
【素泊まり】4650円～

明治初期開業 ●内湯＝男1・女1

東名沼津ICから30㎞／JR熱海駅から徒歩10分

昭和が生きている熱海の秘宝

明治初期創業の老舗旅館。昭和20年代に建て替えて以来、その状態を守っているという。外観は年月の重みを感じさせるモルタルのシンプルな造りで、一歩足を踏み入れるとそこに昭和の世界が広がる。「帳場」という言葉がしっくりくるフロント、赤電話、ビクターの犬…。昭和グッズが当たり前のように空間に溶け込み、息づいている。温泉は源泉かけ流しの内湯のみ。脱衣所も浴場も期待を裏切らないレトロな渋さで出迎えてくれる。タイムトリップした気分を味わいたい。

温泉Data

泉源など	源泉、かけ流し
泉質	カルシウム・ナトリウム-塩化物泉
pH値	8.0（弱アルカリ性泉）
源泉温度	65℃
効能	神経痛、筋肉痛、関節痛、五十肩など

3

1壁面のモザイクタイルに先代のセンスが光る内湯　2遊び心がうかがえる女湯の入り口　3レトロな脱衣所

河津町 ♨ 湯ヶ野温泉

福田家《ふくだや》

0558・35・7201
賀茂郡河津町湯ヶ野236

10:00～16:00

不定休（要連絡）

【温泉】大人（中学生以上）700円、子供（3歳～小学生）500円【1泊2食】16200円～

1879年開業 ●露天＝1 ●内湯1（男女入れ替え制）

東名沼津ICから52㎞／伊豆急河津駅からバスで15分「湯ヶ野」下車徒歩3分

今も変わらず佇む 名作の舞台となった宿

川端康成の「伊豆の踊子」の舞台となった宿がここ。主人公が3泊した部屋や、映画のロケに使われた部屋、川端康成が晩年に泊まった部屋などが今も変わらず客室として使われている。

そして多くの客をとりこにしているのが、明治12年の創業時からあり、作品にも登場する「榧（かや）風呂」だ。本館の地下にあるため、脱衣所から階段を下りていくと湯船が現れるという趣向。そこに広がる独特な雰囲気に、きっと魅了されるはずだ。湯船はほかに、露天風呂と岩風呂がある。

温泉Data

泉源など	源泉、かけ流し
泉質	カルシウム・ナトリウム-硫酸塩泉
pH値	8.8（アルカリ性泉）
源泉温度	59.1℃
湧出量	毎分約115ℓ
効能	神経痛、筋肉痛、関節痛、五十肩など

1 湯船に榧板が使われている「榧風呂」 2 橋を渡ると木造2階建ての風情ある宿に着く 3 館内に設けられた「伊豆の踊子資料館」 4 庭園には「伊豆の踊子像」も

4

3

1

2

ひなびた風情に癒やされる

レトロな隠れ湯

伊豆市 ♨ 湯ヶ島温泉

共同浴場 河鹿の湯《かじかのゆ》

☎ **0558・85・1056（天城観光協会）**
伊豆市湯ヶ島1650-3

13:00〜22:30
休 水曜
¥ 【温泉】大人（中学生以上）250円、子供（3歳〜小学生）100円
♨ 1965年頃開業 ●内湯＝男1・女1 ●その他＝犬猫温泉（無料）
東名沼津ICから35km／伊豆箱根鉄道修善寺駅からバスで30分「湯ヶ島温泉口」下車徒歩5分

無料の犬猫温泉もある 内湯だけの共同浴場

川端康成や井上靖など、文豪との関わりが深い湯ヶ島温泉の西平地区にある共同浴場。狩野川の清流沿いにひっそりと佇み、川のせせらぎや鳥のさえずりに癒やされる。

風呂はシンプルな男女別の小さな内湯があるのみだが、その湯は驚くほど透明度が高く、暖色系のタイルが張られた浴槽が味わい深い。風呂上がりには緑の木々に癒やされる散策路「湯道」を歩き、旅気分に浸るのもいい。共同浴場のすぐ隣には、その都度自分で湯を入れるペット用の「犬猫温泉」（無料）もある。

温泉Data

泉源など	源泉、かけ流し
泉質	カルシウム・ナトリウム-硫酸塩泉
pH値	8.0（弱アルカリ性泉）
源泉温度	44.0℃
効能	神経痛、筋肉痛、関節痛、五十肩、運動麻痺、関節のこわばり、打ち身など

1 女湯。湯はもちろんかけ流しで、飲泉も可。シャンプーや石鹸、タオルなどは持参　2 湯口で湯守する親子の河鹿ガエル　3 大型犬も入れる広さがある「犬猫温泉」

番台が懐かしい！ 地元民御用達の共同湯

伊東の街に点在する昔ながらの共同浴場の一つ。各浴場には七福神が一体ずつ祀られ、低料金で湯めぐりが楽しめるとあってリピーターも多い。布袋尊を祀った「岡布袋の湯」は、男女ともに「熱め」（44℃）と「ぬるめ」（41℃）の2つの湯船があるのが特徴。源泉かけ流しで弱アルカリ性の湯は地元の人も一目置く良質な湯だ。 番台で料金を払い、脱衣所へと進むスタイルで、年季の入ったロッカーといい、タイル張りの浴槽といい、ノスタルジックな雰囲気がたまらない。

伊東市 ♨

岡布袋の湯《おかほていのゆ》

0557・36・3670
伊東市桜木町2-2-16

14:00～22:00（最終入館21:30）

休 火曜

【温泉】大人（中学生以上）250円、小学生以下無料、貸切（小）500円、（大）600円、回数券70歳未満2500円（20枚）、70歳以上1500円（20枚）

1963年開業 ●内湯＝男2・女2 ●貸切＝3

東名沼津ICから49㎞／JR伊東駅から徒歩20分

1「男湯」の2つの湯船に惜しげもなく注がれる源泉かけ流しの湯 2「女湯」 3メインストリートから脇道に入った住宅街にある 4貸切風呂は3つ。コンパクトながらゆっくりと温泉に浸かれる（1時間以内）

温泉Data

泉源など●源泉、かけ流し、加温
泉質●単純温泉
pH値●8.3（弱アルカリ性泉）
源泉温度●41.2℃
湧出量●毎分約111ℓ（3本合計）
効能●冷え症、胃腸病、打ち身、筋肉痛、神経痛、リウマチ、関節痛など

絶景＆美味スポットをめぐり
湖畔の温泉でリフレッシュ

浜名湖と猪鼻湖を繋ぐ「新瀬戸橋」。このあたりから見る浜名湖唯一の島「つぶて島」は浜名湖八景の1つ。橋の脇道を下ると猪鼻湖神社がある

0泊温泉旅 三ヶ日温泉編

O-haku Onsentabi 4

Mikkabi Onsen

浜名湖の北奥、猪鼻湖に面する三ヶ日は、古くからミカンの里として知られ、のどかな風景が広がる。まずは猪鼻湖を望む天然温泉をのんびり楽しんで、後は気の向くままに絶景&美味めぐり。セレブなコース料理や、ウナギの蒲焼き、お土産には浜名湖沿岸で採れたオリーブや、地元民御用達の米粉パン、ユニークなミカン大福も喜ばれそうだ。そしてティータイムは絶景カフェへ…。どこをめぐるかあれこれ悩む時間もきっと楽しいはず。

浜松市役所
北区役所
301
三ヶ日製菓
うなぎ千草
三ヶ日
三ヶ日中学校
362
くらのほ
三ヶ日IC
陵海院
都筑
奥浜名湖
天竜浜名湖線
浜名湖レークサイドプラザ
三ヶ日温泉
KIARAリゾート&スパ浜名湖
ホテルハーヴェスト浜名湖
N
301
猪鼻湖
尾奈
浜名湖
クッチェッタ
310
caffé Oliva
猪鼻瀬戸橋
浜名湖レークサイドウェイ
301

えっ!?
トイレも、街灯も
ミカン!?

浜名湖レークサイドプラザ《はまなこれーくさいどぷらざ》「万葉の滝」《まんようのたき》

さらっとした湯が
肌にやさしい

猪鼻湖を望む湖畔の宿の風呂は、肌にやさしくほんの少し白濁したさらりとした、天然温泉。宿泊は会員制だが、日帰り入浴は誰でもOK。2014年春にリニューアルした1階の露天風呂は、さざ波の音を聞きながら解放感あふれる温泉が満喫できると人気を呼んでいる。

053・524・1311
浜松市北区三ヶ日町下尾奈200
6:00～11:00、13:00～24:00（最終入館23:30）
無休
【温泉】1600円
1992年開業 ●露天=2（男女入れ替え制）
●内湯=2（男女入れ替え制）
東名三ヶ日ICから6.4㎞／天竜浜名湖鉄道奥浜名湖駅から徒歩10分

2階の大浴場からは大パノラマが楽しめる

温泉Data

泉源など	源泉、循環、加温、加水
泉質	アルカリ性単純温泉
pH値	9.8（アルカリ性泉）
源泉温度	29.3℃
湧出量	毎分約81ℓ
効能	神経痛、筋肉痛、関節痛、五十肩、運動麻痺、関節のこわばりなど

敷地内にある「Café The Rodhos」（カフェザロードス）のお薦めは「ロコモコハンバーグ」1240円

カフェのテラス席は愛犬同伴もOK

クッチェッタ カフェ

絶景と
一緒に
カフェタイム

人気メニューの「岩手県産和牛ステーキとすじ肉のカレー」1620円

湖畔に建つペンションに併設されたカフェ。ここの魅力は文句なしの浜名湖の絶景。特等席は180度パノラマビューが楽しめるサンルーム席。刻一刻と印象が変わる風景に時間を忘れてしまいそう。

053・526・1110
浜松市北区三ヶ日町大崎78-1
11:00～15:00※ディナーは要予約
月曜※祝日営業、翌日休み
P あり

湖畔にはテラス席もあり、夏は手ぶらでBBQもできる（要予約）

CIEL BLEU《しえるぶるー》

KIARAリゾート＆スパ浜名湖内にあるレストラン。あまり知られていないがランチとティータイムは一般客も利用できるので、贅沢気分をぜひ味わって。メニューは地元の旬の食材を使った体にやさしいものばかりで、お薦めはコース料理の「プレートランチセット」2268円。カレーやガレットも人気だ。

053・528・0130
浜松市北区三ヶ日町下尾奈366-1

ランチタイム11:30～13:30LO
ティータイム10:00～11:30、14:00～16:30LO

休 無休

P あり

まるで湖上にいるような気分が味わえるテラス席

「キアラショコラ」3600円（8個入り）はお土産に

月替わりで楽しめる「キアラマンスリーケーキ」521円

0泊温泉旅 4
三ヶ日温泉編
O-haku Onsentabi
Mikkabi Onsen

オリーブのスイーツって珍しい!

Caffé Oliva《かふぇ おりーば》

オリーブの栽培から加工・販売までをこなす「Agri浜名湖」の直営カフェ。生地にオリーブの葉を使った「オリーブのしふぉんけーき」380円が楽しめるちょっと珍しい店だ。お土産には浜名湖周辺やイタリア産のオリーブオイルを。

053・578・3352
湖西市横山大久保3-1

8:30～17:30

休 火曜

P あり

10月中旬～限定販売の「新漬OLIVE」540円も、もちろん自社製

自社製オリーブオイルは10月中旬～11月に販売

「うなぎ茶漬け」2800円

うなぎ千草《うなぎちぐさ》

猪鼻湖を眺めながらウナギに舌鼓。関東風の蒸してから焼くスタイルだが、表面がカリッと香ばしいのが千草流。「うな重」や「蒲焼き」、「白焼き」のテイクアウトもできるのでお土産にしてもいい。

テーブル席のほか一人客に好評のカウンターも

赤い大きなうちわが目印!

053・524・0809
浜松市北区三ヶ日町鵺代4-1
11:00〜14:30、16:30〜19:30LO
休 無休
P あり

もちもち食感の米粉パン

サンドイッチとワッフルの店
くらのほ

もちもちした食感が楽しい、酒米の米粉を使ったサンドイッチとワッフルの専門店。地元の人が普段使いする店なのでおいしさはお墨付き。具を選べるサンドイッチは、青空ランチにもぴったりだ。「くらのほサンドボックス」850円、「ワッフル」300円。

053・524・2527
浜松市北区三ヶ日町津々崎369-1
10:00〜16:00
休 木曜
P あり

みかん大福をお土産に

三ヶ日製菓《みっかびせいか》

創業80余年の老舗和菓子店が作る「三ヶ日みかん大福」が人気。丸ごと1つ入ったミカンと白餡との相性は抜群。冷凍販売なので好きな温度に解凍して召し上がれ。小が230円・大は250円。ミカンの餡が入った最中「みかんの里」120円もお薦め。

053・524・0018
浜松市北区三ヶ日町三ヶ日745
8:00〜19:00
休 月曜
P あり

知っておきたい

温泉ガイドでよく目にする源泉、かけ流し、pH値などの用語の解説と、知っておきたい温泉の基礎知識をまとめました。

そもそも「温泉」とは?

温泉は世界中にあり、その定義は国によってまちまち。日本で昭和23年に公布された「温泉法」よると、「温泉とは地中から湧き出す温水、鉱水および水蒸気、その他のガス（炭化水素を主成分とするガスを除く）で、含まれる物質として19種のうち1つ以上が定められた基準を上回っているか、または水温が25℃以上」と、法的に定められている。つまり、19種のうち1つでも基準に達するものがあれば、25℃以下でも温泉と認められる。日本各地に「冷泉」と呼ばれる温泉が数多くあるのはこのためだ。

温泉施設によっては、温度の低い温泉にはボイラーなどで熱を加え「加温」し、温度が高い高温泉の場合は「加水」して入浴に適した温度にしている。

ちなみに、日本では25℃以上とする温度基準も国によって違い、イギリスやフランス、ドイツなど西ヨーロッパ諸国では20℃以上、アメリカでは21.1℃以上を温泉とするそうだ。

※本書では各施設の温泉Dataで、源泉温度、加温、加水について記している。加温（一部）、加水（一部）の詳しい情報は各施設に問い合わせを。

温泉の基礎知識

「源泉、かけ流し」と、よく耳にするけれど…

「源泉」とは、温泉法で認定された温泉そのもの、加温も加水もしていない、湧き出したままの湯のこと。「自家源泉」と銘打つ施設もあるが、これは、自らがその温泉を所有している場合だ。

そして「かけ流し」の定義だが、一般的には、常に新しい湯が浴槽に注がれ、その湯があふれ出ている状態で、あふれ出た湯を浴槽に戻し再利用しない方式を言う。湧出量が豊富でなければできない贅沢な温泉だ。

しかし源泉は入浴にちょうど良い温度の温泉ばかりではない。「源泉かけ流し」といった場合も、加温や加水、消毒剤の使用は認めている場合が多い。

これに対し「循環湯」は、その言葉通り、湯を循環利用するもの。浴槽内の湯をろ過し、殺菌、加熱等の処理をして再利用するものだ。温泉は時と場所でさまざまな利用法があり、源泉かけ流しが貴重であることは確かだが、かけ流しの弱点である湯船のごみや毛髪を取り除く循環湯を極端に嫌うのも誤った認識ではないだろうか。

※本書では各施設の温泉Dataに源泉、かけ流し、循環の表記があるが、詳しい情報は各施設に問い合わせを。

pH値と美肌の関係に注目!

温泉の酸性、アルカリ性の度合いを表す数値として使われているのが「pH値」。pH6～7.5未満を中性とし、6未満を酸性、7.5以上をアルカリ性としている。

そして注目したいのはこのpH値と肌との関係。一般的に美肌湯と呼ばれている温泉はpH値が高いアルカリ性で、古い角質を落とし皮膚の新陳代謝を高める効果があると言われている。また酸性の温泉は殺菌力が高いとされている。本書で紹介した施設にはアルカリ性の温泉が数多くあるので、温泉Dataを参考にしてほしい。

強酸性泉	酸性泉	弱酸性泉	中性泉	弱アルカリ性泉	アルカリ性泉	強アルカリ性泉
pH2未満	pH2～3未満	pH3～6未満	pH6～7.5未満	pH7.5～8.5未満	pH8.5以上	pH10以上

pH値

温泉の泉質によって
効能もいろいろ

本やテレビで温泉が紹介される時に必ず登場するのが泉質と効能。本書でも温泉Data内に泉質を記したが、含まれる成分の種類などにより下記のように分類され、その効能も異なる。

塩化物泉	硫黄泉	単純温泉	泉質
塩化物を含む、舐めると塩辛い無色透明の湯。入浴すると皮膚に成分が付着し、汗の蒸発を防ぐため湯冷めしにくく、保温効果がある。そのため「あたたまりの湯」、「熱の湯」とも言われる。塩素イオンを主成分とする温泉を「塩化物泉」と言い、主成分がナトリウムイオンならナトリウム-塩化物泉となる。以前は日本で最も多い泉質だったが、現在は単純温泉の方が多い。	温泉地に行くと玉子の腐ったような臭いがすることがあるが、この臭いこそ硫黄泉の特性。硫化水素の臭いだ。また酸化すると黄白色の硫黄の沈殿が生じ、浴槽の中に浮かんでいることも。最も温泉らしさを感じられる泉質とも言えるが、体に与える刺激も大きいので、高齢者や皮膚の弱い人には注意が必要だ。温泉水1kg中に硫黄が2mg以上含まれた温泉を「硫黄泉」としている。	「そもそも温泉とは？」(P84)の項でも触れたように、温泉は19種類の含有成分のうち1つ以上が基準を満たしているか、または温度が25℃以上あれば温泉として認められる。「単純温泉」は、この25℃以上を満たす温泉で、温泉水1kgに含まれる成分は1mg未満。含有成分が薄いという特徴がある。これは反面、体への刺激が少なく、高齢者や肌の弱い人にもやさしい湯と言える。	特徴
単純温泉の適応症に加え、切り傷、やけど、慢性皮膚病、虚弱体質、慢性婦人病など **飲用**／慢性消化器病、慢性便秘など	単純温泉の適応症に加え、慢性皮膚病、慢性婦人病、切り傷、糖尿病など **飲用**／糖尿病、痛風、便秘など	神経痛、筋肉痛、関節痛、五十肩、運動麻痺、関節のこわばり、くじき、慢性消化器病、痔疾、冷え症、病後回復期、疲労回復、健康増進など **飲用**／源泉によって異なる	効能（適応症）

知っておきたい温泉の基礎知識

含鉄泉

湧出直後は無色透明でも、時間の経過とともに酸化し茶褐色に変化する特性を持つ。月経障害に良いとされる。

二酸化炭素泉

入浴すると肌に小さな気泡が付くのが特徴。血管を広げて血行を良くしてくれるため、保温効果が高い。

酸性泉

殺菌作用が高く慢性皮膚病などに効果があるとされるが、肌への刺激も強いので注意が必要。

放射能泉

放射能といっても含有量は微量で、ラドン温泉、ラジウム温泉などと呼ばれている。痛風や糖尿病などに良いとされる。

炭酸水素塩泉

「美人の湯」と呼ばれる温泉に多い泉質。中でもナトリウム-炭酸水素塩泉は皮膚の脂肪や分泌物を清浄化し、肌を滑らかにすると言われる。また、重曹を多く含むため入浴後に清涼感があるのも特徴。主成分の違いによって、カルシウム-炭酸水素塩泉、マグネシウム-炭酸水素塩泉、ナトリウム-炭酸水素塩泉がある。静岡県内では白沢温泉、接岨峡温泉、口坂本温泉などに炭酸水素塩泉がある。

単純温泉の適応症に加え、切り傷、やけど、慢性皮膚病など

飲用／慢性消化器病、糖尿病、痛風、肝臓病など

硫酸塩泉

静岡県では西伊豆地区によくみられる泉質。含有成分によって、ナトリウム-硫酸塩泉、カルシウム-硫酸塩泉、マグネシウム-硫酸塩泉がある。中でもカルシウム-硫酸塩泉は「傷の湯」と呼ばれ、切り傷ややけどに効果があるとされている。ちなみに泉質の表記は、主な成分（ナトリウム、カルシウムなど）を先に、続いて泉質（硫酸塩泉など）を表している。

単純温泉の適応症に加え、動脈硬化、切り傷、やけど、慢性皮膚病など

飲用／慢性胆のう炎、胆石症、慢性便秘、肥満症、糖尿病、痛風など

※温泉には「適応症」と同時に「禁忌症」と言って温泉療養に適さない病気や症状などもあるので、各施設で予め確認しよう。

温泉の正しい入り方は？

飲用は専用飲泉所で

本書でも飲用可能な施設が掲載されているが、飲用は飲泉所で、掲示表の注意事項にしたがって飲むようにしよう。また飲用許可のある施設でも、温泉を容器に入れ、時間が経過してから飲むことは避ける。

入浴前の注意

- 温泉に入るとかなりエネルギーを消費するため、長時間の車の運転などで体が疲れている時は、少し休憩してから入浴する。

- 温泉に入る時は十分に「かけ湯」をして体を温泉にまず慣らす。そして体を清潔にしてから浴槽に入る。
- いきなり熱い湯に入ると、めまいを起こすことがあるので要注意。

- 食事の直後や空腹時の入浴は避ける。
- 飲酒後の入浴は思わぬ事故を起こすことがあるので、酔いがさめてから入る。

知っておきたい温泉の基礎知識

入浴回数と時間

- 健康な人でも1日3回くらいまで。
- 熱めの湯の場合は10分以内、ぬるめの湯なら30分くらいが適当。
- 重度の動脈硬化症、高血圧症、心臓病の人は、42℃以上の湯には入らない。

入浴後の注意

- 入浴後は体に付着した温泉の成分を水で洗い流さない。
- ただし、湯ただれを起こしやすい人は入浴後に真水で体を洗うか、温泉成分をふき取るのがいい。

- 入浴後は湯冷めに注意して30～60分くらいの休息をとる。

「知っておきたい
温泉の基礎知識」
●監修／NPO法人エイミック（AMIC）
温泉と医療を通して熱海市の活性化に貢献することを目的に、平成11年に発足。安心して観光・湯治を楽しんでもらえるよう医師、薬剤師、宿泊施設、企業・商店の経営者など、会員約100人が様々なプロジェクトを組み、幅広く活動している。会員には温泉療法医、温泉利用指導者、健康運動指導士、スポーツトレーナー、栄養士などの有資格者も多い。

個性派風呂がいろいろ。
湯めぐりを楽しもう

日帰り0泊温泉 おすすめ50泉

まだまだあります。

熱海温泉最大級の自家源泉7本を所有。多彩な湯船が楽しめる広さ400坪の「王朝大浴殿」は、まるで古代神話の世界のよう。ほかにも相模湾を望む「眺望大露天風呂」や「展望大浴場」など趣の異なる多彩な風呂が揃う。

温泉Data

泉源など	源泉、かけ流し、循環、加水
泉質	カルシウム・ナトリウム-塩化物泉
pH値	7.7~8.2（弱アルカリ性泉）
源泉温度	68.8~74.6℃
湧出量	毎分約715.9ℓ（源泉7本合計）
効能	神経痛、関節痛、慢性消化器病、冷え症、病後回復期、疲労回復など

熱海市 ♨ 伊豆山温泉

ホテル水葉亭《ほてるすいようてい》

☎ 0557・81・7145
熱海市伊豆山190-1

13:00~19:00※月~金曜※土・日曜、祝日は電話問い合わせを

無休

【温泉】大人（中学生以上）1500円、子供（小学生以下）1000円【1泊2食】10800円~

1945年開業 ●露天=2（男女入れ替え制）●内湯=14（男女入れ替え制）●貸切=3 ●その他=岩風呂・サウナ

東名沼津ICから35㎞／JR熱海駅から送迎バスあり（14:00~17:00の間30分間隔）

まだまだあります。おすすめ50泉

寄り道ところ
熱海・伊東周辺

打ちたてそばには穴子天ぷらを

昭和10年から伊豆山神社の麓で店を構えるそば屋。一番人気は、打ちたてそばに大きな穴子天が付いた「穴子天ざる」1500円。コクのあるそばつゆのかえしをベースに作ったタレがくせになる「天丼」1300円や、「ロースカツ丼」950円のファンも多い。

そば処 木むら
- 0557・80・2314
- 熱海市伊豆山579
- 11:30～15:00LO、17:00～20:00LO
- 水曜(祝日営業) Pあり

体にうれしいオーガニックの和食店

「食べること＝体と心を元気に健康にする」をコンセプトに、有機・無農薬の地場産野菜を主に使用。東京・日本橋の懐石料理店で腕を磨いた店主が一品一品心を込めて作る和食が人気を集めている。写真は女性に好評な「花かごランチ」1290円。

オーガニックカフェ chant (ちゃんと)
- 0557・37・3520
- 伊東市南町1-1-6
- 月・水・木曜11:30～17:00、金・土・日曜11:30～15:00、18:00～21:00
- 火曜 Pあり

登山電車で行く高台の露天風呂が人気

泉かけ流し温泉の純和風旅館。名物は、伊東市街や相模湾が一望できる露天風呂と、そこまで運んでくれる傾斜度45度、距離30mの斜面をゴトゴト登る登山電車(ケーブルカー)。日帰り入浴ができる時間帯は混浴となる。

温泉Data
- 泉源など●源泉、かけ流し
- 泉質●塩化物泉(露天風呂)、単純温泉(内湯)
- pH値●7.5(弱アルカリ性泉、露天風呂)
- 源泉温度●52℃(露天風呂)
- 湧出量●毎分約120ℓ(露天風呂)
- 効能●疲労回復、関節痛、打撲、慢性皮膚病、冷え症、慢性婦人病など

伊東市 伊東温泉

陽気館 ようきかん
- 0557・37・3101
- 伊東市末広町2-24
- 11:00～15:00
- 不定休
- 【温泉】大人(13歳以上)1000円、子供(4～12歳)500円 【1泊2食】13000円～
- 1910年開業 ●露天＝1(混浴) ●内湯＝男1・女1(宿泊者専用)
- 東名沼津ICから50㎞／JR伊東駅から徒歩10分

相模湾を一望する公共露天風呂

国道135号線沿いの波打ち際にある穴場的公共露天風呂。石で造られた小さな湯船は素朴で、伊豆では珍しいにごり湯。なめらかで体がよく温まると評判だ。入り口に設置されている点滅ランプが光っている時は営業中。

温泉Data

泉源など●源泉、かけ流し
泉質●ナトリウム・カルシウム-塩化物・硫酸塩泉
pH値●7.68（弱アルカリ性泉）
源泉温度●73.3℃
湧出量●毎分約110ℓ
効能●神経痛、筋肉痛、関節痛、冷え症、疲労回復、切り傷、慢性皮膚病など

東伊豆町 ♨ 大川温泉

大川温泉
磯の湯《いそのゆ》

☎ 0557・22・0248
⌂ 賀茂郡東伊豆町大川45

- 11:00〜18:00※土・日曜、祝日、8月は〜20:00
- 休 荒天時
- 【温泉】500円
- 1965年開業 ●露天=男1・女1
- 東名沼津ICから70㎞／伊豆急伊豆大川駅から徒歩10分

貸切風呂と部屋休憩で贅沢気分

湯量豊富な3つの源泉を持つ老舗旅館。風呂は東屋風の露天と内湯のほか「五右衛門風呂」、「露天風呂」、「寝湯」の3つの貸切風呂がある。貸切風呂の利用は無料なので、はしご湯を楽しむのもいい。

温泉Data

泉源など●源泉、かけ流し
泉質●アルカリ性単純温泉
pH値●8.4（弱アルカリ性泉）
源泉温度●45〜52℃
湧出量●毎分約295ℓ
効能●神経痛、関節痛、運動麻痺、慢性消化器病、冷え症、疲労回復など

伊東市 ♨ 伊東温泉

大東館《だいとうかん》

☎ 0557・37・5166
⌂ 伊東市末広町2-23

- 14:00〜22:00（最終入館21:00）
- 休 無休
- 【温泉】大人（13歳以上）700円、子供（7〜12歳）350円【デイユース】（入浴+5時間部屋休憩）2500円【1泊朝食付】6500円〜
- 1925年開業 ●露天=1（男女入れ替え制） ●内湯=男1・女1 ●貸切=3
- 東名沼津ICから車で60分／JR伊東駅から徒歩12分

寄り道どころ

東伊豆周辺

生で味わいたい こだわり濃厚玉子

添加物を使わない独自の配合飼料と、地元大川の湧水で育った鶏のうみたて玉子が評判。その濃厚なおいしさを堪能したいならぜひ「生」で味わってほしい。「8～12個入り」200円、「11～13個入り」300円で、地方発送も1個27円から可能（送料別）。

うみたて自然卵

0557・23・0550（引地養鶏所）
賀茂郡東伊豆町大川270-2
休 無休
P なし

名物はタワー盛り 「鯵のたたき丼」

一番人気は高さ12㎝の「鯵のたたき丼」1620円。脂がのったアジを、オーダーが入ってからタタキに。薬味を合わせて自家製土佐醤油で味を付け、タワーのように盛り付けて完成。ふのりの味噌汁、漬物が付き、ご飯・味噌汁・漬物はおかわり自由。

伊豆の味処 **錦**《にしき》

0557・23・3279
賀茂郡東伊豆町奈良本971-35
11:30～14:30、17:30～20:30LO
休 木曜（連休になる場合は営業）
P あり

海抜0m！波打ち際の露天風呂

全国から温泉ファンが訪れる東伊豆町自慢の公営露天風呂。水平線と同じ目線で湯に浸かることができ、海と一体化した気分になる。3つある湯船のうち1つが女性専用だが、19～21時は全ての湯船が女性専用となる。

温泉Data

泉源など●源泉、かけ流し、加水
泉質●ナトリウム・カルシウム-塩化物泉
pH値●7.7（弱アルカリ性泉）
源泉温度●70.4℃
湧出量●毎分約200ℓ
効能●神経痛、筋肉痛など

東伊豆町 ♨ 北川温泉

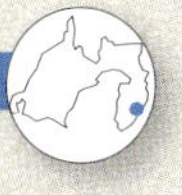

黒根岩風呂《くろねいわぶろ》

0557・23・3997（北川温泉観光協会）
賀茂郡東伊豆町奈良本1205-116
6:30～9:30、13:00～22:00
休 荒天時
【温泉】大人（中学生以上）600円、子供（小学生）300円
1959年開業 ●露天＝混浴2・女1
東名沼津ICから70㎞／伊豆急伊豆北川駅から徒歩7分

夏なら2倍楽しい波打ち際の露天風呂

熱川温泉の海沿いにある観光客に人気の町営露天風呂。男湯も女湯も20〜30人は入れそうな円形の岩造りの風呂で、水平線や伊豆七島を眺めながら入浴できる。隣には夏だけ営業する海浜プールもある。

温泉Data

泉源など●源泉、かけ流し
泉質●ナトリウム・カルシウム-塩化物泉
pH値●8.3（弱アルカリ性泉）
源泉温度●100℃
湧出量●毎分約500ℓ
効能●神経痛、内臓疾患、皮膚病、リウマチなど

東伊豆町 ♨ 熱川温泉

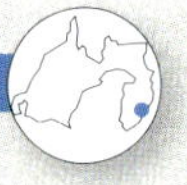

高磯の湯《たかいそのゆ》

0557・23・1505（熱川温泉観光協会）
賀茂郡東伊豆町奈良本1237-65

9:30〜17:00
荒天時
【温泉】大人（中学生以上）600円、子供（3歳〜小学生）300円※夏季は大人700円、子供350円（海浜プール利用料含む）
1994年開業 ●露天＝男1・女1
東名沼津ICから75㎞／伊豆急伊豆熱川駅から徒歩7分

屋上足湯テラスも魅力の絶景ホテル

熱川温泉の高台に建つ2つの源泉を持つホテル。屋上の「天空露天風呂」からは相模湾が一望でき、夜は海面に映る月の道と星空が楽しめる。同じく屋上にある「足湯スカイテラス」もぜひ体験してみて。

温泉Data

泉源など●源泉、かけ流し（一部）、循環（一部）、加水
泉質●硫酸塩泉
pH値●8.7（アルカリ性泉）
源泉温度●98℃
湧出量●毎分約200ℓ
効能●神経痛、筋肉痛、関節痛、冷え症、切り傷、やけど、疲労回復など

東伊豆町 ♨ 熱川温泉

熱川プリンスホテル《あたがわぷりんすほてる》

0557・23・1234
賀茂郡東伊豆町奈良本1248-3

15:00〜20:00（最終入館19:00）
不定休
【温泉】大人（小学生以上）1000円、子供（小学生未満）600円【入浴+5時間部屋休憩】4000円〜（2人1室）【1泊2食】17430円〜
1960年開業 ●露天＝男2・女4 ●内湯＝男5・女1 ●貸切＝2 ●その他＝足湯スカイテラス
東名沼津ICから70㎞／伊豆急伊豆熱川駅から徒歩10分

寄り道どころ

稲取周辺

稲取のソウルフード「肉チャーハン」

稲取のご当地グルメ「肉チャーハン」。写真の「てんこ盛り」1800円は、熱々の鉄板からはみ出さんばかりの肉チャーハンの上に、豚肉とキャベツのあんがたっぷり! 仲間とシェアして召し上がれ。普通盛りは1200円。

Clover《くろーばー》

0557・95・5556
賀茂郡東伊豆町稲取3011-266
11:30~14:00、17:30~21:00
休 不定休
P あり

そば本来の味と香りにこだわる名店

契約農家から仕入れる玄そばを石臼で挽き、地下から汲み上げた天城深層水で手打ちするそばが評判で、全国からそば好きがやって来る。シンプルに「せいろ」650円もいいが、ちょっと奮発して「伊勢えび天せいろ」3240円もお薦めだ。

誇宇耶《こうや》

0557・95・3658
賀茂郡東伊豆町稲取1940-1
11:00~20:00
休 木曜
P あり

水平線を眺めながら展望露天風呂やジャグジー、座湯など16種類のバラエティーに富んだ風呂が楽しめる。湯は無色透明の塩化物泉で、保温効果が高い。貸切風呂の利用は別途使用料がかかる(50分・1050円~)。

温泉Data

泉源など●源泉、かけ流し(一部)、循環、加水(一部)
泉質●ナトリウム・カルシウム-塩化物泉
pH値●8.2(弱アルカリ性泉)
源泉温度●71.4℃
湧出量●毎分約150ℓ
効能●神経痛、筋肉痛、冷え症、疲労回復など

東伊豆町 ♨ 稲取温泉

稲取東海ホテル湯苑《いなとりとうかいほてるゆうえん》

0557・95・2121
賀茂郡東伊豆町稲取1599-1
14:00~20:00
休 無休
【温泉】大人(13歳以上)1000円、子供(5~12歳)500円【1泊2食】15000円~
1965年開業 ●露天=男1・女1 ●内湯=男1・女1 ●貸切=2(有料) ●その他=座湯・寝湯・サンゴサウナ・バイブジャグジーなど
東名沼津ICから87㎞/伊豆急伊豆稲取駅から車で4分(送迎あり)

温泉と岩盤浴の相乗効果でリフレッシュ

敷地内から100℃という高温の温泉が勢いよく自噴する湯宿。豊富な温泉は、露天風呂や内湯、貸切風呂はもちろん、温泉プールにも使用。さらに自家源泉岩盤浴室も持つ。女性専用室もあるので気兼ねなく楽しめる。

温泉Data

泉源など●源泉、かけ流し、加水
泉質●ナトリウム-塩化物・硫酸塩泉
pH値●8.6（アルカリ性泉）
源泉温度●100℃
湧出量●毎分約400ℓ
効能●神経痛、筋肉痛、冷え症、慢性消化器病、疲労回復など

河津町 ♨ 谷津温泉

薬師の湯《やくしのゆ》

☎ 0558・34・1445
賀茂郡河津町谷津171-1
9:00～21:00
休 木曜
【温泉】大人（13歳以上）800円、子供（0～12歳）500円【1泊2食】8700円～
♨ 1989年開業 ●露天＝男1・女1 ●内湯＝男1・女1 ●その他＝岩盤浴（有料）
東名沼津ICから60㎞／伊豆急河津駅から徒歩25分

アルカリ性泉が美肌にいい秘湯

河津町の山間にあり、見高入谷地区の住民が運営している。地元の人とふれあいながら、肌がすべすべになると評判の湯を楽しめる。直売所で販売されている手作りの「田舎寿し」や「おこわ」、新鮮野菜も人気。

温泉Data

泉源など●源泉、かけ流し（一部）、循環（一部）、加温
泉質●アルカリ性単純温泉
pH値●9.1（アルカリ性泉）
源泉温度●39.2℃
湧出量●毎分約63ℓ
効能●神経痛、筋肉痛、関節痛、冷え症、慢性消化器病、疲労回復など

河津町 ♨ 河津温泉

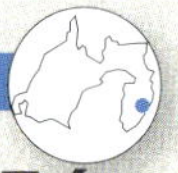

伊豆見高入谷高原温泉《いずみたかいりやこうげんおんせん》

☎ 0558・32・3556
賀茂郡河津町見高2064-13
10:00～21:00
休 木曜（祝日営業、翌日休み）※8月は無休
【温泉】大人（高校生以上）500円、子供（小・中学生）250円【コテージ宿泊】（自炊、無料で温泉施設利用可）大人3500円、小学生2000円
♨ 2007年開業 ●内湯＝男1・女1
東名沼津ICから65㎞／伊豆急今井浜海岸駅から車で15分

寄り道どころ

河津・下田周辺

イチゴのデザートが評判のお土産・食事処

人気No.1は「いちご三昧」1296円。単品でも注文OKの「いちごミルク」と「クラッシュドストロベリー」、「いちご生ジュース」がセットになったお得なメニューだ。ただしGW過ぎから12月は「いちごミルク」が「いちごゼリー」に変更になる。

七滝茶屋《ななだるぢゃや》
0558・36・8070
賀茂郡河津町梨本363-4
9:00～17:00(16:30LO)
不定休
あり

まずは下田港を見渡す展望テラスへ

下田グルメならここ。キンメダイのフライとカマンベールチーズの組み合わせが絶妙な「下田バーガー」1000円の店や、地魚が味わえる食事処、サザエやアワビがお得な漁協の直売所、農産物加工品の土産物店など、見どころ満載。

道の駅 開国下田みなと
0558・25・3500
下田市外ヶ岡1-1
9:00～17:00(店舗により異なる)
無休(テナントは不定休)
あり

春は露天風呂から河津桜のお花見も

峰 温泉の豊かな湯量を活かした純和風造りの町営温泉。伊豆石で造られた大浴場のほか、天城の山々が望める露天風呂、打たせ湯、サウナもある。風呂から上がったら50畳の休憩室でのんびりと。軽食販売のコーナーもある。

温泉Data

泉源など	源泉、循環(一部)、加水(一部)
泉質	ナトリウム-塩化物泉
pH値	8.0(弱アルカリ性泉)
源泉温度	65.2℃
効能	神経痛、疲労回復、冷え症など

河津町 ♨ 峰温泉

踊り子温泉会館《おどりこおんせんかいかん》

0558・32・2626
賀茂郡河津町峰457-1
10:00～21:00(最終入館20:30)
無休(年4回メンテナンス休館あり)
【温泉】大人(13歳以上)1000円、子供(3～12歳)500円
2003年開業 ●露天=男1・女1 ●内湯=男2・女2
東名沼津ICから65㎞／伊豆急河津駅からバスで10分「踊り子温泉会館前」下車すぐ

絶景温泉で雄大な眺めを一人占め

5階最上階にある、全幅82mのフロアをすべて使った大浴場「パラダイスビュー」から見る雄大な太平洋が圧巻。温泉入浴指導員が常駐しているので、正しい温泉の入り方や、温泉療養の仕方も教えてもらえる。

温泉Data

- 源泉など●源泉、循環、加水
- 泉質●単純温泉
- pH値●7.85（弱アルカリ性泉）
- 源泉温度●55℃
- 効能●神経痛、筋肉痛、運動麻痺、慢性消化器病、冷え症、疲労回復など

下田市 ♨ 下田温泉

下田大和館《しもだやまとかん》

☎ 0558・22・1000
下田市吉佐美2048

- 15:00～最終入館18:00
- 休 無休
- 【温泉】大人（中学生以上）2000円、子供（4歳～小学生）1000円【入浴+夕食】6480円（15:00～21:00）【1泊2食】10930円～
- ♨ 1966年開業 ●露天＝男1・女1（男女入れ替え制）●内湯＝男2・女2（男女入れ替え制）●貸切＝2（有料）
- 東名沼津ICから70km／伊豆急下田駅から車で7分

温泉を活用したクアハウスでリフレッシュ

創業130年余の老舗旅館で、天然温泉を活用し健康と美容の効果を高める多目的温泉保養施設「クアハウス」を持つ。疲労回復コース、腰痛・肩こり解消コース、美容コースなどのプログラムが用意されている。

温泉Data

- 源泉など●源泉、かけ流し
- 泉質●弱アルカリ性単純温泉
- pH値●8.0（弱アルカリ性泉）
- 源泉温度●50.3℃
- 湧出量●毎分約160ℓ
- 効能●神経痛、慢性消化器病、痔疾、冷え症、疲労回復など

下田市 ♨ 蓮台寺温泉

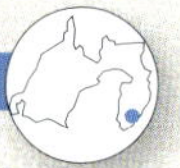

クアハウス石橋旅館《くあはうす いしばしりょかん》

☎ 0558・22・2222
下田市蓮台寺185-1

- 10:00～22:00
- 休 無休
- 【温泉】大人（10歳以上）1080円、子供（3～9歳）540円※週末、祝日、夏季および年末年始は大人1404円、子供702円【日帰りヘルシー温泉パック】（クアハウス+昼食or夕食）6480～10800円（2人以上・要予約）【1泊2食】21600円～
- ♨ 1881年開業 ●露天＝男1・女1 ●クアハウス＝男1・女1 ●その他＝箱むし・噴出浴・かぶり湯・うたせ湯・気泡浴・アクアセラピーなど
- 東名沼津ICから78km／伊豆急蓮台寺駅から徒歩10分

弓ヶ浜の潮騒が聞こえる露天風呂

下賀茂温泉にある人気の休暇村の宿。名物は風情漂う庭園露天風呂に設置された源泉かけ流しの壺湯。ジャグジー付きで贅沢気分が味わえる。湯上がりラウンジからは松林越しに弓ヶ浜が望める。

温泉Data

泉源など	源泉、かけ流し（一部）、循環（一部）、加温、加水（一部）
泉質	カルシウム・ナトリウム-塩化物泉
pH値	8.1（弱アルカリ性泉）
源泉温度	100.3℃
湧出量	毎分約122ℓ
効能	疲労回復、筋肉痛、関節痛、五十肩など

南伊豆町 ♨ 下賀茂温泉

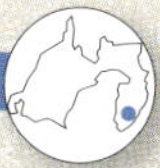

休暇村南伊豆《きゅうかむらみなみいず》

☎ 0558・62・0535
賀茂郡南伊豆町湊889-1
12:30～15:00（最終入館14:30）
休 7～8月※電話問い合わせを
【温泉】大人（中学生以上）800円、子供（4歳～小学生）400円【渚の温泉パック】（温泉+昼食+休憩処）2900円※2人～・1日2組（時期により内容・料金の変更あり・要問い合わせ）【1泊2食】11320円～
1969年開業 ●露天=男1・女1 ●内湯=男1・女1 ●その他=壺湯
東名沼津ICから85㎞／伊豆急下田駅からバスで25分「休暇村」下車すぐ

寄り道どころ

下田周辺

最後の一滴まで飲みほしたい「鴨汁そば」

昼時は平日でも行列のできる人気店。風味豊かな手打ちそばは、やや細めでコシがあり、つゆとの相性も絶妙だ。人気の「鴨汁そば」1400円にはぜひ「自家製七味」をかけて。青のりとごまの風味がそばの味を一層引き立ててくれる。

蕎麦 **いし塚**
☎ 0558・23・1133
下田市敷根4-21
11:00～16:00※土・日曜は11:00～15:30、17:00～19:00
休 水曜　P あり

休日だけのノスタルジックカフェ

芸術家の竹沢尚生さんが自身のアトリエの1階を毎週土・日と祝日のみカフェとして開放。石造りの建物は大正時代のもので、店内には竹沢さんの書や器が展示されている。「抹茶（お菓子付き）」750円を味わいながらゆったり過ごしたい。

草画房《そうがぼう》
☎ 0558・27・1123
下田市3-14-6
11:00～17:00（16:30LO）
休 月～金曜※土・日曜、祝日のみ営業・要電話確認
P なし

湯上がりには茹で玉子&サツマイモを

青野川沿いにある町営日帰り温泉施設。男女共に露天風呂が3つあり、果実やアロエなどの薬草が入った「四季の湯」や、熱帯植物に囲まれた「南国風呂」も。温泉で茹でた玉子やサツマイモも販売している。

温泉Data

泉源など●源泉、かけ流し(一部)、循環(一部)、加水(一部)
泉質●ナトリウム・カルシウム-塩化物泉
pH値●8.2(弱アルカリ性泉)
源泉温度●100.3℃
湧出量●毎分約130ℓ
効能●神経痛、慢性消化器病、皮膚病、疲労回復、打ち身、美肌など

南伊豆町 ♨ 下賀茂温泉

下賀茂温泉

銀の湯会館《ぎんのゆかいかん》

0558・63・0026
賀茂郡南伊豆町下賀茂247-1

10:00～21:00(最終入館20:20)
水曜(祝日営業、翌日休み)
【温泉】大人(中学生以上)700円、子供(3歳～小学生)350円
1996年開業 ●露天=男3・女3 ●内湯=男1・女1
東名沼津ICから80㎞/伊豆急下田駅からバスで20分「下賀茂熱帯植物園前」下車徒歩3分

昔ながらの銭湯の風情が漂う公衆浴場
みなと湯

日本の渚百選に選ばれた弓ケ浜から徒歩3分の場所にある公衆浴場。古めかしい木造の外観、館内の素朴な脱衣所、休憩室、浴室…。すべてが昔懐かしい銭湯のようだ。内湯のみだが湯は保温効果が高い。

温泉Data

泉源など●源泉、循環、加水
泉質●ナトリウム・カルシウム-塩化物泉
pH値●8.0(弱アルカリ性泉)
源泉温度●70℃
効能●神経痛、筋肉痛、慢性消化器病、皮膚病など

南伊豆町 ♨ 弓ケ浜温泉

弓ケ浜温泉

みなと湯

0558・62・0390
賀茂郡南伊豆町湊972

14:00～20:00※夏期は～21:00
火曜(祝日営業、翌日休み)
【温泉】大人(中学生以上)300円、子供(小学生)150円
1992年開業 ●内湯=男1・女1
東名沼津ICから80㎞/伊豆急下田駅からバスで20分「JA農協前」下車徒歩1分

手頃な入浴料が魅力の源泉かけ流しの湯

塩分濃度の高さが特徴の下賀茂温泉の湯を、源泉かけ流しの露天風呂と内湯でゆったり堪能できる。河津桜で知られる青野川や渡し船で行くヒゾリ浜海水浴場など、観光スポットに近い立地も魅力だ。

温泉Data

- 泉源など●源泉、かけ流し
- 泉質●ナトリウム・カルシウム-塩化物泉
- pH値●8.0（弱アルカリ性泉）
- 源泉温度●43.5℃
- 湧出量●毎分約100ℓ
- 効能●神経痛、筋肉痛、リウマチ、婦人病など

南伊豆町 ♨ 下賀茂温泉

石廊館《いろうかん》

0558・62・0013
賀茂郡南伊豆町下賀茂204-2
15:00～最終入館21:00
無休
【温泉】大人（12歳以上）700円、子供（5～11歳）350円 【1泊2食】9800円～
1933年開業 ●露天=男1・女1 ●内湯=男1・女1
東名沼津ICから90㎞／伊豆急下田駅からバスで20分「日詰」下車すぐ

寄り道どころ

南伊豆周辺

迫力満点！「伊勢えびラーメン」

弓ヶ浜の目の前にある海産物卸問屋が営む食堂。30年前からのロングセラー「伊勢えびラーメン」1520円は、スープに伊勢えびのゆで汁を加えた濃厚な味噌ラーメン。具材たっぷりの「あわび丼」や「さざえ丼」もお薦めだ。

海鮮食楽 青木さざえ店食堂部

0558・62・0333
賀茂郡南伊豆町湊894-53
8：30～18：00LO※土・日曜、祝日は19：00LO※8:30～10:00は一部メニューのみ対応
無休　Ⓟあり

温泉育ちの高糖度メロンをお土産に

自家温泉でメロンを温室栽培する農家の直売所。常に温室を温泉で温めているため、年間を通して高糖度メロンが購入できる。糖度14度以上の甘いメロンが2000円～5000円と、かなりお得！ 3000円台の中玉が一番人気。

さとう温泉メロン

0558・62・3978
賀茂郡南伊豆町加納646
8:00～17:00
不定休
Ⓟ あり

しっとりとやわらかい美肌の湯として知られ、女性の人気が高い温泉施設。天城の自然に囲まれた眺めのよい露天風呂はもちろん、ショウブやヨモギなど14種の薬草がブレンドされた薬草風呂もお薦めだ。

温泉Data

泉源など	源泉、かけ流し
泉質	ナトリウム-硫酸塩泉
pH値	8.7（アルカリ性泉）
源泉温度	47℃
湧出量	毎分約234ℓ
効能	疲労回復、神経痛、動脈硬化症、慢性皮膚病、冷え症、切り傷など

伊豆市 ♨ 青羽根温泉

湯の国会館《ゆのくにかいかん》

0558・87・1192
伊豆市青羽根188

- 10:00～21:00
- 休 水曜
- 【温泉】大人（12歳以上）860円、子供（3～11歳）430円
- 1988年開業 ●露天＝男1・女1 ●内湯＝男1・女1 ●その他＝薬草風呂
- 東名沼津ICから車で40分／伊豆箱根鉄道修善寺駅からバスで15分「湯の国会館」下車すぐ

寄り道どころ

湯ヶ島周辺

地元にちなんだプレミアムロールケーキ

「浄蓮の滝」の駐車場内にあるお土産処。お薦めは数ある伊豆銘菓の中でも特に人気が高いロールケーキ「天城越え 天城山隧道ロール」（1本1520円）だ。伊豆特産のニューサマーオレンジ、ぐり茶、紅ほっぺを使った風味豊かな3種類。

踊子茶屋《おどりこちゃや》

0558・85・1284
伊豆市湯ヶ島2860-56
9:00～16:00
休 無休
P あり

天城の食材で作るユニークそばパスタ

珍しいそば粉入りパスタが味わえる喫茶店。注目は、天城特産の肉厚なシイタケや鹿肉、ワサビを使った「IZUわさび蕎麦パスタ」1280円。高品質で甘辛のバランスがいいワサビ「真妻」の風味を活かしたソースが、味の決め手になっている。

茶や **どんぐり**

0558・85・2888
伊豆市湯ヶ島878-1
11:00～16:00
休 不定休
P あり

寄り道どころ

修善寺周辺

裏通りに佇む ヘルシー料理が人気のカフェ

修善寺の賑やかな通りから1本入った裏通りにあるカフェ。「体にやさしいものを」と、無添加にこだわって手間暇かけて作る料理は、地場野菜もたっぷり入ってヘルシー。写真は「ハニーシフォンケーキ」450円。

honohono cafe《ほのぼの かふぇ》

0558・72・2500
伊豆市修善寺882-9
11:00〜17:00（16:30LO）
不定休
Ⓟ あり

一番人気は しっとりつややか「胡麻饅頭」

修禅寺近くにある饅頭の専門店。餡に黒ゴマをたっぷり練り込んだ「胡麻饅頭」1320円（10個）や、ヨモギ入りの皮で粒餡を包んだ「よもぎ饅頭」、こし餡入りの「黒糖饅頭」など蒸したてが並ぶ。どれにしようか迷ったら、いろいろ入った「源楽合わせ」を。

饅頭総本山 **源楽**《げんらく》

0558・73・2224
伊豆市修善寺967
9:30〜17:00（なくなり次第終了）
無休
Ⓟ あり

湯を楽しんだ後は日本庭園の散策を

修善寺温泉の中心に佇む1万5000坪の大庭園が広がる和のリゾート旅館。空間デザイナーの手による光の演出が幻想的な露天風呂が有名で、入浴に個室での食事と休憩が付いた昼会席のプランもお薦め。

温泉Data

泉源など●源泉、循環、加温
泉質●アルカリ性単純温泉
pH値●8.7（アルカリ性泉）
源泉温度●60℃
湧出量●毎分約800ℓ
効能●神経痛、慢性消化器病、美肌など

伊豆市 ♨ 修善寺温泉

宙SORA《そら》 渡月荘金龍《とげつそうきんりゅう》

0558・72・0601
伊豆市修善寺3455

11:30〜16:30（最終入館16:00）

不定休

【温泉】大人（12歳以上）1500円、小学生1200円、幼稚園児1000円、1〜3歳500円【入浴付き昼会席】5700円・8700円【1泊2食】24840円〜

2004年リブランドオープン ●露天＝男1・女1 ●男2・女2 ●貸切＝2

東名沼津ICから30㎞／伊豆箱根鉄道修善寺駅から車で8分

毎月22日は夫婦同伴の奥様無料デー

高さ12mの展望台からの絶景も楽しんで

深夜0時まで日帰り温泉が楽しめる貴重な宿。全長15mの展望大露天「天空風呂」からは、昼は富士山、夜は星空が楽しめる。無味無臭のくせのない湯は美肌効果があると評判で、ランチ付きのプランもある。

温泉Data

泉源など●源泉、循環（一部）、加温（一部）、加水（一部）
泉質●アルカリ性単純温泉
pH値●9.0（アルカリ性泉）
源泉温度●56℃
効能●神経痛、筋肉痛、冷え症、疲労回復など

伊豆の国市 ♨ 伊豆長岡温泉

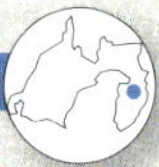

ニュー八景園《にゅーはっけいえん》

055･948･1500
伊豆の国市長岡211
11:00〜24:00
無休
【温泉】大人（12歳以上）1500円、子供（4〜11歳）800円【満喫プラン】（入浴+昼食+エステなど）5657円【湯ったりプラン】（入浴+昼食+部屋休憩）3909円【1泊2日】10800円〜
開業年不明 ●露天=男1･女1 ●内湯=男1･女1
東名沼津ICから15㎞／伊豆箱根鉄道伊豆長岡駅からバスで10分「長岡温泉駅」下車徒歩5分

源頼家が入浴したという言い伝えがある湯処を2000年に復活。内湯だけのシンプルな造りだが、ヒノキが香る浴室の天窓からは穏やかな自然光が差し込み、のんびりとした温泉情緒が満喫できる。

温泉Data

泉源など●源泉、かけ流し（一部）、循環（一部）、加温（一部）、加水（一部）
泉質●アルカリ性単純温泉
pH値●8.6（アルカリ性泉）
源泉温度●60.8℃
湧出量●毎分約1100ℓ
効能●神経痛、関節痛、運動麻痺、慢性消化器病、冷え症、疲労回復など

伊豆市 ♨ 修善寺温泉

筥湯《はこゆ》

0558･72･5282
伊豆市修善寺925
12:00〜21:00（最終入館20:30）
無休
【温泉】大人（小学生以上）350円
2000年開業 ●内湯=男1･女1
東名沼津ICから30㎞／伊豆箱根鉄道修善寺駅からバスで8分「修善寺温泉」下車徒歩3分

寄り道どころ

伊豆の国周辺

5倍盛りパスタにチャレンジ!

ランチの全パスタメニューが2~5倍の大盛りにできる。自家製トマトソースに生クリームと和風だしを合わせた「渡り蟹のトマトクリームパスタ5倍盛り」2160円は、大盛りとはいえ味は繊細そのもの。ビッグサイズの「クリームソーダ」864円もお薦めだ。

ぱすた屋 REB《れぶ》

055•949•8867

伊豆の国市南條728-1

11:30~15:00(14:30LO)、18:00~22:30(22:00LO)

休 月曜、第3日曜、ほか不定休あり　P あり

一見の価値あり!「青バラソフトクリーム」

観光協会の職員が常駐する道の駅。伊豆のグルメやお土産を中心に扱うここのお薦めは「青バラソフト」370円で、長年人気のロングセラー。秋冬は抹茶、春はイチゴ味の季節限定ソフト各350円も登場する。

道の駅 伊豆のへそ

0558•76•1630

伊豆の国市田京195-2

10:00~16:00

休 無休

P あり

地元野菜たっぷりのバイキングが人気

富士山を望む高台にある和のリゾートホテル。男湯、女湯ともに見晴らしのいい露天風呂が3つあり、中でも注目は美肌効果もあると評判のヒバを使った湯船。開放感ある内湯や湯上がりゾーンの足湯デッキも好評だ。

温泉Data

- 泉源など●源泉、循環(一部)、加温(一部)、加水(一部)
- 泉質●アルカリ性単純温泉
- pH値●9.0(アルカリ性泉)
- 源泉温度●52~55℃
- 効能●神経痛、筋肉痛、関節痛、冷え症など

伊豆の国市 ♨ 伊豆長岡温泉

伊豆長岡

ホテル天坊《ほてるてんぼう》

055•947•1919

伊豆の国市長岡431-1

11:00~14:00

休 火曜

【温泉】大人(中学生以上)1550円、子供(小学生)750円【ランチバイキング付き】大人2600円、子供1400円、2歳~小学生未満600円※平日限定【1泊2食】16000円~

1999年開業 ●露天=男3·女3 ●内湯=男1·女1 ●貸切=宿泊者専用

東名沼津ICから25㎞/伊豆箱根鉄道伊豆長岡駅からバスで15分「別所」下車徒歩1分

ファミリー御用達！子どもプールのある温泉

富士山や箱根連山を望む景色が自慢。湯は無色透明・無臭の天然温泉で、露天風呂や大風呂、寝湯、打たせ湯など8種類の風呂がある。水着着用の歩行浴プールや子ども用プールも人気だ。

温泉Data

- 泉源など●源泉、かけ流し(一部)、循環(一部)、加水(一部)
- 泉質●ナトリウム・カルシウム-塩化物・硫酸塩泉
- pH値●9.1(アルカリ性泉)
- 源泉温度●60℃
- 湧出量●毎分約228ℓ
- 効能●神経痛・筋肉痛・関節痛・慢性消化器病など

函南町 ♨ 柏谷温泉

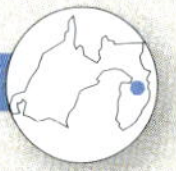

湯~トピアかんなみ《ゆーとぴあかんなみ》

055・970・0001
田方郡函南町柏谷259

- 10:00~21:00(最終入館20:00)
- 火曜(祝日営業、翌日休み)
- 【温泉】大人(中学生以上)700円、子供(小学生)300円※3時間以内【貸切風呂】1000円※1時間【貸切個室】3000円※3時間
- 2002年開業 ●露天=男2・女2 ●内湯=男4・女4 ●貸切=1(有料) ●その他=サウナ・寝湯・泡風呂・打たせ湯・歩行浴プール・子どもプール
- 東駿河湾環状道路大場・函南ICから2.5km/伊豆箱根鉄道伊豆仁田駅から徒歩20分

体にやさしい「ぬる湯」で芯からポカポカに

ぬる湯の名湯として知られる日帰り温泉の老舗の源泉かけ流し湯。露天風呂、内湯、薬草湯、打たせ湯など16種類の湯が楽しめる。36℃の「ぬる湯」から41℃の「あつ湯」まで浴槽ごとに温度が異なるのも特徴。

温泉Data

- 泉源など●源泉、かけ流し、加温(一部)
- 泉質●アルカリ性単純温泉
- pH値●9.0(アルカリ性泉)
- 源泉温度●39.4℃
- 湧出量●毎分約209ℓ
- 効能●冷え症、疲労回復など

伊豆の国市 ♨

駒の湯源泉荘《こまのゆげんせんそう》

055・949・0309
伊豆の国市奈古谷1882-1

- 10:00~19:00(最終入館18:00)
- 無休
- 【温泉】大人(12歳以上)350円、子供(0~11歳)250円※45分【入浴+広間休憩3時間】大人800円、子供500円【入浴+個室休憩】3600円(1室2人)~
- 1977年開業 ●露天=男1・女1 ●内湯=男1・女1 ●その他=打たせ湯・日替わり薬草風呂
- 東名沼津ICから16km/JR函南駅から車で15分

松崎周辺

リバーサイドカフェでこだわりの「珈琲」を

川沿いにあるギャラリー併設の喫茶店。一杯ずつ丁寧にドリップする「珈琲」450円は、深いコクとシャープな味わいが魅力。窓の外に見える緑やキラキラ光る川面が、のどかな時間を演出してくれる。「ケーキセット」750円もお薦め。

ギャラリー喫茶 **侘助《わびすけ》**
☎ 0558・42・0711
賀茂郡松崎町松崎319
11:00〜18:00
休 火・水曜
P あり

揚げたてを食べたい「川のりコロッケ」

昭和8年の創業以来、地元民に親しまれてきた精肉店の隠れた名物が「川のりコロッケ」120円。松崎特産の川のりを具と衣に使い、口いっぱいに風味が広がる。ジャガイモも甘さの強い「十勝こがね」と「とうや」の2種類にこだわっている。

アサイミート
☎ 0558・42・0298
賀茂郡松崎町松崎451-1
9:00〜18:00
休 水曜
P あり

無料で入れる期間限定の混浴絶景風呂

松崎町役場提供

国道から崖沿いの小道を降りたところにある、4月下旬〜9月下旬限定営業の無料露天風呂。水着着用の混浴風呂で、目の前に海が広がる絶景が魅力。夕陽が空を染める時間帯を狙って出かけるのもお薦めだ。

温泉Data

泉源など	源泉、かけ流し
泉質	カルシウム・ナトリウム-塩化物泉
pH値	7.2（中性泉）
源泉温度	50℃
湧出量	毎分約225ℓ
効能	リウマチ、神経痛、皮膚病、切り傷など

松崎町 ♨ 雲見温泉

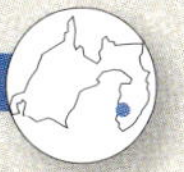

雲見温泉
赤井浜露天風呂《あかいはまろてんぶろ》

☎ 0558・45・0844（雲見温泉観光協会）
賀茂郡松崎町雲見
日中
休 10〜4月（予定）
【温泉】無料
♨ 開業年不明 ●露天=1（混浴・水着着用）
東名沼津ICから72㎞／伊豆急下田駅からバスで50分「松崎バスターミナル」で乗り換え18分「赤井浜」下車徒歩3分

伊豆石の遠赤外線効果で芯から温まる

お地蔵さまが見守る素朴な無料露天風呂
松崎町役場提供

名工・入江長八の漆喰こて絵が今も残る旅館。松崎特産・桜葉漬けで使う樽をイメージした露天「桜の湯」と、伊豆石を使った内湯、貸切家族風呂がある。肌にしっとり馴染む源泉かけ流しの湯が好評。

温泉Data

泉源など●源泉、かけ流し、加水（一部・夏季のみ）
泉質●カルシウム・ナトリウム-硫酸塩泉
pH値●8.8（アルカリ性泉）
源泉温度●63.4℃
湧出量●毎分約20ℓ
効能●神経痛、慢性皮膚病、五十肩など

松崎町 ♨ 松崎温泉

御宿しんしま《おんやどしんしま》

0558・42・0236
賀茂郡松崎町宮内284

- 15:00～20:00
- 不定休
- 【温泉】大人（中学生以上）650円、子供（3～12歳）350円【貸切露天風呂】大人1000円、子供350円※45分【1泊2食】10800円～
- 1970年開業 ●露天＝夏季2・冬季1（混浴） ●内湯＝男1・女1 ●貸切＝1（家族）
- 東名沼津ICから車で2時間／伊豆急蓮台寺駅からバスで50分「松崎バスターミナル」下車徒歩8分

石部海水浴場の駐車場に隣接する、水着着用の混浴無料露天風呂で、4月下旬～10月の期間だけ営業する。夏場は海水浴客でにぎわう人気の温泉だ。石を組んだだけの簡素な湯船だが、波の音を聞きながら入る開放感は格別。

温泉Data

泉源など●源泉、かけ流し
泉質●カルシウム・ナトリウム-塩化物泉
pH値●7.4（中性泉）
源泉温度●50℃
湧出量●毎分約20ℓ
効能●リウマチ、神経痛、皮膚病、切り傷など

松崎町 ♨ 石部温泉

石部温泉
平六地蔵露天風呂《へいろくじぞうろてんぶろ》

0558・42・0745（松崎町観光協会）
賀茂郡松崎町石部

- 日中
- 11～4月（予定）
- 【温泉】無料
- 開業年不明 ●露天＝1（混浴・水着着用）
- 東名沼津ICから72㎞／伊豆急下田駅からバスで50分「松崎バスターミナル」乗り換え12分「石部温泉」下車すぐ

寄り道どころ

西伊豆周辺

和食をグレードアップする極上のカツオ節

創業は1882年。昔ながらの製法で造る本枯れ鰹節の名店。鮮度のいいカツオを丁寧に下処理した後、手火山式焙乾法で旨味を凝縮させ荒節に。その後天日干しとカビ付けを繰り返し、半年かけてようやく完成するカツオ節は1本1000円〜。

カネサ鰹節商店
- 0558・53・0016
- 賀茂郡西伊豆町田子600-1
- 8:00〜17:00
- 休 無休
- P あり

季節感あふれるケーキがいろいろ

ショーケースに常時30種類のケーキ類が並び、焼き菓子も評判のスイーツ店。季節のフルーツを使ったケーキのファンが多く、「シェフの気まぐれタルト（5号）」2800円が人気。「カシスショコラ」450円や「ガトーフレーズ」420円、「ブルーベリータルト」470円もお薦めだ。

Sweets·café Satouya《さとうや》
- 0558・52・3108
- 賀茂郡西伊豆町仁科257-2
- 10:00〜19:30 イートインは19:00LO
- 休 火曜（祝日の場合変更あり）　P あり

断崖絶壁にある町営絶景温泉

気軽に絶景風呂が楽しめると観光客に人気。駿河湾を見下ろす高台に位置し、眼下を漁船や遊覧船が行き交う最高のロケーションが待っている。水平線に沈む西伊豆町自慢の夕陽を眺めながらの入浴もお薦めだ。

温泉Data
- 泉源など●源泉、循環、加温、加水
- 泉質●カルシウム・ナトリウム-硫酸塩泉
- pH値●8.8（アルカリ性泉）
- 源泉温度●56.9℃
- 湧出量●毎分約733ℓ
- 効能●神経痛・筋肉痛・関節痛・打ち身、慢性消化器病、冷え症など

西伊豆町 ♨ 堂ヶ島温泉

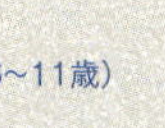

沢田公園露天風呂《さわだこうえんろてんぶろ》

- 0558・52・0057
- 賀茂郡西伊豆町仁科2817-1
- 9:00〜18:00※3・4・5・9月は19:00まで、6・7・8月は20:00まで
- 休 火曜
- 【温泉】大人（12歳以上）500円、子供（6〜11歳）200円
- 1988年開業 ●露天＝男1・女1
- 東名沼津ICから75㎞／伊豆箱根鉄道修善寺駅からバスで95分「沢田」下車すぐ

明治34年から親しまれてきた共同湯

どちらも試したくなる和・洋の湯

400年の歴史がある土肥温泉。その発祥の湯である安楽寺の「まぶ湯」に近い共同浴場。近年改装され、小さいながらも内湯のほかに露天風呂が登場。観光客の人気も高い。何と言っても手頃な料金がうれしい。

温泉Data

泉源など●源泉、かけ流し
泉質●カルシウム・ナトリウム-硫酸塩化物泉
pH値●8.3(弱アルカリ性泉)
源泉温度●54.3℃
湧出量●毎分約15ℓ
効能●神経痛、関節痛、運動麻痺、慢性消化器病、冷え症、慢性皮膚病など

伊豆市 ♨ 土肥温泉

馬場温泉楠の湯《ばんばおんせんくすのゆ》

0558・98・1212(伊豆市観光協会土肥支部)
伊豆市土肥795-2

- 13:00〜20:00
- 休 第2・4火曜
- 【温泉】大人(中学生以上)400円、小学生300円
- 1954年開業 ●露天=男1・女1 ●内湯=男1・女1
- 新東名長泉沼津ICから55㎞/伊豆箱根鉄道修善寺駅からバスで45分「馬場」下車すぐ

屋外プールやスパ施設を備えるリゾートホテル。風呂は総ヒノキ造りの内湯や庭園露天風呂が自慢の「檜風呂」と、ヨーロピアンテイストの「クリスタル風呂」の2種類。偶数・奇数日で男女が入れ替わる。

温泉Data

泉源など●源泉、循環、加温、加水
泉質●カルシウム-硫酸塩泉
pH値●9.0(アルカリ性泉)
源泉温度●35.8℃
湧出量●毎分約110ℓ
効能●神経痛、筋肉痛、慢性消化器病、冷え症、疲労回復など

西伊豆町 ♨ 宇久須温泉

西伊豆クリスタルビューホテル《にしいずくりすたるびゅーほてる》

0558・55・1111
賀茂郡西伊豆町宇久須2102-1

- 15:00〜21:00※19:30〜20:00は男女入れ替えのため入浴不可
- 休 不定休
- 【温泉】大人(中学生以上)1100円、子供(3歳〜小学生)550円【1泊2食】12000円〜
- 1995年開業 ●露天=1(男女入れ替え制) ●内湯=2(男女入れ替え制) ●その他=サウナ
- 東名沼津ICから66㎞/伊豆箱根鉄道修善寺駅からバスで65分「宇久須クリスタルビーチ」下車すぐ

寄り道どころ 土肥・戸田周辺

愛を確かめながら味わう?! 極上プリン

西伊豆バイパスへと続く国道136号沿いにある休憩スポットの名物がコレ。伊豆産の新鮮卵の黄身と、伊豆高原の「おおきモーモーミルク」をたっぷり使った「恋人岬の君だけプリン」380円だ。土肥特産のビワで作る「びわアイス」450円もお薦め。

伊豆手作り菓子工房

グリーンヒル土肥《ぐりーんひるとい》

0558・98・0722
伊豆市土肥2197-2
8:30～17:00
休 無休　P あり

風味はもちろん 噛み応えも絶妙な「バゲット」

常時約30種類が並ぶ人気のパン店。一押しは生地を20時間寝かせてから焼く「バゲット」270円で、発酵バターを練り込んだ「クロワッサン」160円や、食感が魅力の「デニッシュ」160円～も見逃せない。イートインコーナーでコーヒーと共に味わおう。

LE CIEL BLUE《るしぇるぶるー》

0558・94・4001
沼津市戸田1036-3
9:00～20:00（なくなり次第終了）
休 水曜
P あり

座り心地のいい畳風呂から絶景を楽しむ

名前の通り、廊下や階段、トイレ、エレベーターまで、館内の至る所に畳を敷きつめている宿。その数なんと4332畳。最上階の「野天風呂」の浴室や浴槽の中にも「水だたみ」という特殊な素材の畳を使っている。

温泉Data

泉源など●源泉、かけ流し（一部）、循環（一部）、加温（一部）、加水（一部）
泉質●硫酸塩・塩化物泉
pH値●8.4（弱アルカリ性泉）
源泉温度●57.8℃
湧出量●毎分約54ℓ
効能●神経痛、冷え症など

伊豆市 ♨ 土肥温泉

たたみの宿 湯の花亭《ゆのはなてい》

0558・98・1104
伊豆市土肥2849-5
14:00～19:00
休 不定休
【温泉】大人（中学生以上）1500円、子供（3歳～小学生）1000円【1泊2日】17820円～
1950年開業 ●露天=男1・女1 ●内湯=男1・女1
東名沼津ICから80㎞／伊豆箱根鉄道修善寺駅からバスで60分「土肥温泉」下車すぐ

毎月第3金曜は粗品をプレゼント！

銭湯感覚で気軽に立ち寄れる市営浴場

迫力満点の富士山が真正面に見える絶景風呂が評判。刺激の少ない泉質のため幼児や高齢者も安心して利用でき、女性にはうれしい美肌効果も。そばが人気の食堂もあるが、休憩室への食べ物の持ち込みもOK。

温泉Data

泉源など●源泉、循環、加温
泉質●アルカリ性単純温泉
pH値●8.8（アルカリ性泉）
源泉温度●30.5℃
湧出量●毎分約250ℓ
効能●神経痛、筋肉痛、関節痛、冷え症、疲労回復など

小山町 ♨ 足柄温泉

小山町町民いこいの家

あしがら温泉《あしがらおんせん》

0550・76・7000
駿東郡小山町竹之下456-1

10:00～21:00（最終入館20:30）
火曜（祝日営業、翌日休み）
【温泉】大人（高校生以上）500円、子供（3歳～中学生）250円※3時間まで。以降1時間ごと大人100円、子供50円プラス
2004年開業 ●露天＝男1・女1 ●内湯＝男1・女1 ●その他＝サウナ
東名御殿場ICから車で15分／東名高速バス停「足柄」から徒歩2分

温泉スタンドを備え、湯を汲みに来る常連客が絶えない地元でも人気の浴場。素朴な造りの浴室は明るく開放的で、休憩室も完備。無色透明で無臭の、肌にやさしい湯が好評だ。

温泉Data

泉源など●源泉、加温、加水
泉質●ナトリウム・カルシウム-硫酸塩泉
pH値●9.1（アルカリ性泉）
源泉温度●52℃
湧出量●毎分約180ℓ
効能●肩こり、腰痛、リウマチ、切り傷、やけどなど

沼津市 ♨ 戸田温泉

壱の湯《いちのゆ》

0558・94・4149
沼津市戸田1007

10:00～22:00
火曜
【温泉】大人（13歳以上）300円、子供（7～12歳）150円
1987年開業 ●内湯＝男1・女1
東名沼津ICから40㎞／伊豆箱根鉄道修善寺駅からバスで50分「中島」下車すぐ

広々した露天と「みくりやそば」が好評
富士溶岩の湯

富士山樹空の森やふるさと工房などの施設が集まる「御殿場リゾート富士の郷」内にある。雄大な富士山が眺められる露天風呂のほか、ログハウスや溶岩ドームの中に造られた風呂も人気。

温泉Data

泉源など●源泉、循環、加温、加水
泉質●アルカリ性単純温泉
pH値●8.5（アルカリ性泉）
源泉温度●34.7℃
湧出量●毎分約103ℓ
効能●神経痛、筋肉痛、関節痛、慢性消化器病、冷え症、疲労回復、痔疾など

御殿場市

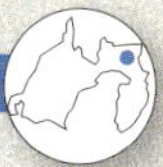

御胎内温泉健康センター《おたいないおんせんけんこうせんたー》

0550•88•4126
御殿場市印野1380-25
10:00~21:00（最終入館20:20）※1月1~3日は18:00まで
火曜（祝日営業、翌日休み）※8月は無休
【温泉】大人（高校生以上）500円、子供（3歳~中学生）300円※土·日曜、祝日は大人700円、子供400円※3時間まで。以降1時間ごと大人100円、子供50円プラス
1997年開業●露天＝5（男女合わせて）●内湯＝6（男女合わせて）※1カ月ごとに男女入れ替え
東名御殿場ICから10㎞／JR御殿場線御殿場駅からバスで25分「樹空の森」下車すぐ

寄り道どころ

小山·御殿場周辺

「わさびいなり」は香りと食感が魅力!

富士山の雪解け水を使い、4代に渡りワサビを栽培。併設のそば処では、自家産御殿場コシヒカリにワサビの茎と葉の三杯酢漬を混ぜた「わさびいなり」370円や「本付わさびそば」830円が味わえる。ワサビ田見学もでき、お土産も揃う。

滝口わさび園
0550•75•2757
駿東郡小山町須走359
売店／9:30~18:00
そば処／11:00~17:00（16:45LO）
水曜　Pあり

御殿場の気候が育む極上プロシュート

一番人気は銘柄豚「すそのポーク」を1年半以上熟成させて作る「ふじやまプロシュート」840円。甘みとコクと、豊かな風味が堪能できる逸品だ。素材の味を生かして丁寧に作るウインナーやハムのほか、コロッケやメンチなどの惣菜もお薦め。

渡辺ハム工房
0550•82•0234
御殿場市川島田661
9:00~18:00
日曜
Pあり

18歳以上限定！和の空間が心地いい湯処

標 高320mの御殿場高原に建つ大人のための温泉施設。雄大な富士山が望める露天風呂「天空の湯」のほか、炭酸水の露天風呂や、大浴場、備長炭の釜風呂などがある。落ち着いた古民家風の食事処も人気。

温泉Data

泉源など	源泉、かけ流し（一部）、循環（一部）、加温（一部）
泉質	アルカリ性単純温泉
pH値	8.95（アルカリ性泉）
源泉温度	34.1℃
湧出量	毎分約90ℓ
効能	神経痛、筋肉痛、関節痛、疲労回復など

御殿場市 ♨

源泉

茶目湯殿《ちゃめゆどの》

☎ 0550・87・6426
御殿場市神山719
10:00～22:00（最終入館21:00）
休 無休
¥【温泉】大人（18歳以上）1500円※17歳以下の入館不可
♨ 2001年開業 ●露天＝男2・女2 ●内湯＝男1・女1
東名裾野ICから3.6㎞／JR御殿場線岩波駅から無料シャトルバスで5分

寄り道どころ

御殿場周辺

パティシエも愛用する「さくら玉子」

遠方から訪れる客も多い玉子直売所。国産の親鶏に与える地下50mから汲み上げた富士山の雪解け水がおいしさの秘密。この生みたて玉子を使ったオリジナルの「シュークリーム」167円、「プリン」189円は味が濃厚と評判だ。

さくら玉子 杉山養鶏場
☎ 0550・87・1727
御殿場市二子84-1-1
8:30～18:00
休 無休
P あり

庭園を眺めながらランチそば

3千坪の日本庭園を眺めながら、本格的なそばが味わえる。吟味した玄そばをブレンドしたそば粉と、富士の湧水を使うそばは香り高く、つゆとの相性が絶妙。ランチなら天丼とせいろが付く「姫ご膳」1300円がお薦め。中学生以下は入店不可。

遊季庭 **かわ嶋《かわしま》**
☎ 0550・84・3719
御殿場市川島田284-5
11:00～14:00LO、17:00～21:00
※夜は完全予約制
休 月・火曜　P あり

風呂も温泉プールもある、湯けむりリゾート

湯温がやや低いため、その分じっくり浸かることができると評判。豊富な源泉は、打たせ湯や歩行浴のあるプールにも使用。食事処の「しゃも釜飯」や売店の「味付けタマゴ」など食事メニューも充実している。

温泉Data

泉源など●源泉、かけ流し(一部)、循環(一部)、加温(一部)
泉質●含硫黄・カルシウム・ナトリウム-塩化物泉
pH値●9.7(アルカリ性泉)
源泉温度●28.4℃
湧出量●毎分約350ℓ
効能●神経痛、筋肉痛、関節痛、冷え症、皮膚病など

富士宮市

新稲子川温泉ユートリオ《しんいなこがわおんせんゆーとりお》

0544・66・0175
富士宮市上稲子1219

10:00~20:00※プール棟は18:00まで

木曜(祝日営業、翌日休み)

【温泉】大人(中学生以上)1030円、子供(3歳~小学生)620円※ともに1日の料金。3時間は大人820円、子供510円、1.5時間は大人510円、子供250円

1994年開業 ●露天=男1・女1 ●内湯=男2・女2 ●その他=温泉プール(水着着用)

新東名新清水ICから17㎞・富士川SAスマートICから16㎞/JR身延線稲子駅から無料送迎車で10分(要電話)

巨木をくり抜いた眺望露天が人気

特大の富士山を望む名物温泉は、樹齢400年のシイの木をくり抜いた「巨木天辺風呂」と、映画「戦国自衛隊」で使用された櫓を利用した「富士山天空風呂」。食事処では溶岩焼BBQやホロホロ鳥やダチョウが味わえる。

温泉Data

泉源など●循環、加温、加水
泉質●活性石泉
効能●神経痛、肩こり、リウマチ、あせも、しもやけ、疲労回復など

裾野市

富士遊湯の郷 大野路《おおのじ》

055・998・1616
裾野市須山2934-3

露天風呂/夏期(4~11月)10:10~21:00※冬期(12~3月)は20:00まで。展望風呂は10:10~19:00

火曜※臨時休業あり※露天風呂は土・日曜、祝日、8月のみ営業。平日は旅館展望風呂を利用

【温泉】大人(13歳以上)800円、子供(2~12歳)500円※風呂以外の施設利用者は大人600円、子供400円【1泊2日】10000円~

1977年開業 ●露天=男1・女1 ●内湯=男1・女1 ●貸切=1

東名裾野ICから7㎞/JR御殿場線岩波駅から車で10分

寄り道どころ

静岡市葵区周辺

素朴さがいい 手作りまんじゅうやおでん

湯ノ島温泉浴場に隣接し、採れたての野菜や果物、地元の女性たちの手作り食品、まんじゅうなどがずらりと並ぶ。「そばまんじゅう」1個110円は、挽きたてのそば粉と自家製粒餡を使った自慢の一品。食堂ではそばや味噌おでんが食べられる。

玄国茶屋《げんこくぢゃや》

☎ 054・291・2821
静岡市葵区湯ノ島302-1
9:30～16:00
休 木曜（祝日営業、翌日休み）
P あり

季節の田舎料理と そばを古民家で

「手打ち蕎麦定食」（予約制）が話題の民宿。玄米ご飯に、おふくろの味の田舎料理が7～8種類小鉢で提供される。さらに天ぷらと手打ちそばが付いて1600円は、かなりお得だ。大正2年に建てられた旧家の部屋で、ゆったりとくつろげる。

手打ち蕎麦民宿 **三右ヱ門**《さんえもん》

☎ 054・291・2515
静岡市葵区日向718
予約状況による（要予約）
休 予約状況による
P あり

せせらぎの音をBGMに、休憩室で昼寝も

日帰り温泉
お気軽にどうぞ!!

藁科川の上流、大川地区にある、緑深い山々と川の景色に心が和む市営温泉。肌がすべすべになると人気で、120人収容可能な休憩室は多少の持ち込みも可。無料で飲める地元産本山茶の評判も上々だ。

温泉Data

源泉など●源泉、循環、加温
泉質●ナトリウム-炭酸水素塩泉
pH値●8.2（弱アルカリ性泉）
源泉温度●25.2℃
湧出量●毎分約40ℓ
効能●切り傷、やけど、神経痛、関節痛、慢性消化器病、冷え症、疲労回復、痔疾など

静岡市 ♨

湯ノ島温泉浴場《ゆのしまおんせんよくじょう》

☎ 054・291・2177
静岡市葵区湯ノ島304-3
9:30～16:30（最終入館16:00）
休 木曜（祝日営業、翌日休み）
【温泉】大人（中学生以上）500円、子供（小学生以下）200円
♨ 1994年開業 ●内湯＝男1・女1
新東名新静岡SAスマートICから23㎞／JR静岡駅からバスで「谷津」乗り換えデマンドバス（事前予約制）で（計46分）「湯ノ島温泉」下車すぐ※デマンドバス問い合わせ ☎054・277・0622（しずてつジャストライン）

野趣あふれる主人手製の露天風呂

散策も楽しんで一日たっぷり温泉三昧

ぬるっとした肌触りと、湯上がりのすべすべ感が評判の源泉が楽しめる温泉宿。主人が自ら造った露天風呂は、浴槽のどこに腰をかけても石の背もたれがあって心地いい。庭の木々や山の景色にも心が和む。

温泉Data

- 泉源など●源泉、かけ流し(一部)、循環(一部)、加温
- 泉質●アルカリ性単純硫黄泉
- pH値●10.4(強アルカリ性泉)
- 源泉温度●34.1℃
- 湧出量●毎分約162ℓ
- 効能●神経痛、関節痛、慢性婦人病、慢性消化器病、糖尿病、冷え症など

静岡市 ♨ 梅ケ島コンヤ温泉

梅ケ島コンヤ温泉

大野木荘《おおのぎそう》

054・269・2224
静岡市葵区梅ケ島4269-10

- 9:00～21:00
- 休 不定休
- 【温泉】大人(中学生以上)540円、子供(3歳～小学生)324円 【入浴+ランチ】1782円【入浴+ランチ+部屋休憩4時間】3240円～【1泊2食】9720円～
- ♨ 1976年開業 ●露天=男1・女1 ●内湯=男1・女1 ●貸切(宿泊者専用・1日限定2組)
- 新東名新静岡ICから30㎞／JR静岡駅からバス90分「大野木」下車すぐ

井川地区に向かう途中、中河内川の上流にある山間のいで湯。湯に浸かった時のとろっとした感触が特徴で、入浴後はつるつるの肌に。休憩室への持ち込みが可能で、館内の出入りも自由なので近くの散策を楽しんでもいい。

温泉Data

- 泉源など●源泉、かけ流し(一部)、循環、加温
- 泉質●ナトリウム-炭酸水素塩泉
- pH値●8.9(アルカリ性泉)
- 源泉温度●36℃
- 湧出量●毎分約95ℓ
- 効能●神経痛、筋肉痛、関節痛、慢性消化器病、冷え症、疲労回復、痔疾など

静岡市 ♨ 口坂本温泉

口坂本温泉浴場《くちさかもとおんせんよくじょう》

054・297・2155
静岡市葵区口坂本652

- 9:30～16:30(最終入館16:00)
- 休 水曜
- 【温泉】大人(中学生以上)300円、子供(小学生以下)100円※おむつ着用者の入浴不可
- ♨ 1977年開業 ●露天=男1・女1 ●内湯=男1・女1
- 新東名新静岡ICから30㎞／JR静岡駅からバスで80分終点「上落合」下車徒歩40分

昼食付きの日帰りプランもお薦め

雄大な南アルプスが迫る静岡市最北の湯

世界文化遺産・富士山の構成資産「三保松原」のすぐ近くに建つ天然温泉の宿。ミネラルを豊富に含む湯は「天女の湯」と呼ばれ、内湯、露天風呂のほか、玄関先の誰でも利用できる足湯にも使われている。

温泉Data

- 泉源など●源泉、かけ流し、加温、加水
- 泉質●塩化物強塩泉
- pH値●7.8（弱アルカリ性泉）
- 源泉温度●26.5℃
- 湧出量●毎分約45ℓ
- 効能●神経痛、筋肉痛、関節痛、慢性消化器病、冷え症、疲労回復など

静岡市 ♨ 三保はごろも温泉

三保園ホテル《みほえんほてる》

☎ 054・334・0111
静岡市清水区三保2108

- 11:00～21:00（最終入館20:30）
- 休 不定休※電話で要問い合わせ
- 【温泉】大人（中学生以上）600円、子供（3歳～小学生）300円【のんびり日帰りプラン】（入浴＋食事＋部屋休憩）3780円～（要予約）【1泊2食】8790円～
- ♨ 1946年開業 ●露天＝男1・女1 ●内湯＝男1・女1 ●その他＝足湯（12:00～16:00）
- 東名清水ICから12㎞／JR清水駅から車で20分

畑薙第二ダムの近くに2009年にリニューアルオープンした静岡市最北の市営温泉。露天風呂から望める茶臼岳や上河内岳の絶景は、ここまで来たご褒美。食堂では珍しい「鹿刺し定食」や「ヤマメおろしそば」などが味わえる。

温泉Data

- 泉源など●源泉、かけ流し（一部）、循環、加温
- 泉質●単純硫黄泉
- pH値●9.5（アルカリ性泉）
- 源泉温度●30.7℃
- 湧出量●毎分約84.5ℓ
- 効能●神経痛、関節痛、糖尿病、皮膚病など

静岡市 ♨ 赤石温泉

南アルプス赤石温泉

白樺荘《しらかばそう》

☎ 054・260・2021
静岡市葵区田代1110-5

- 10:00～18:00※12～3月は17:00まで
- 休 火曜（祝日営業、翌日休み）※8・11月は無休
- 【温泉】大人（中学生以上）510円、子供（小学生以下）200円【1泊】大人4110円、子供2050円／夕食1850円、朝食1030円
- ♨ 1966年開業 ●露天＝男1・女1 ●内湯＝男1・女1
- 新東名新静岡ICから70㎞／大井川鐵道千頭駅から車で90分

懐石ランチが楽しめるプランがお得

源泉の焼津黒潮温泉は、海水の約半分の塩分を含む良質な湯。海抜90mにある「富士山眺望露天風呂」から見る富士山と駿河湾の大パノラマは、この地ならではの絶景。男湯・女湯とも100人収容できる「展望大浴場」も人気。

温泉Data

泉源など●源泉（一部）、循環、加温（一部）、加水（一部）
泉質●カルシウム・ナトリウム-塩化物泉
pH値●8.5（アルカリ性泉）
源泉温度●50.5℃
湧出量●毎分約426ℓ
効能●神経痛、関節痛、リウマチ、皮膚病、慢性婦人病、冷え性、病後回復など

焼津市 ♨ 焼津黒潮温泉

ホテルアンビア松風閣《しょうふうかく》

054・628・3131
焼津市浜当目海岸通り星が丘
11:30～最終入館13:30、17:30～最終入館20:00
不定休
【温泉】大人（13歳以上）1080円、子供（3～12歳）540円【遊ごのみプラン】（温泉＋昼食）大人4800円【1泊2日】8550円（夕食なし朝食あり）～
1988年開業 ●露天＝男1・女1 ●内湯＝男1・女1 ●その他＝サウナ・ミストサウナ
東名焼津ICから4㎞／JR焼津駅からシャトルバスで7分

寄り道どころ

静岡市清水区周辺

おいしさに感動！トマトジュース

農家の庭先で、土・日曜、祝日のみ営業。自園で育てたトマト「アミノレッド」の生ジュースは、缶のトマトジュースとは全く違う、とびきりフレッシュな味わい。まずは「トマトジュース」250円、「男のソルティトマトジュース」300円を。

川村農園Café《かわむらのうえんかふぇ》
054・334・0789
静岡市清水区三保3163
土・日曜、祝日の13:00～日暮れ頃まで※平日利用は要問い合わせ
月～金曜（祝日営業）　Ⓟあり

「アイシングクッキー」の世界遺産をお土産に

三保の住宅街の中にある人気スイーツ店。世界遺産に登録された三保松原にちなんで、富士山と松原を手描きした「アイシングクッキー」540円が話題を呼んでいる。上品なパッケージでお土産にもぴったりだ。

CAKE AND SWEETS bougiee《ぶじー》
054・334・5705
静岡市清水区三保1710-2
9:30～19:30
木曜、第3水曜
Ⓟあり

「若返りの湯」と呼ばれる山間の湯

南アルプスの麓から湧く「美女づくりの湯」

周囲を渓谷に囲まれた静かな山間にある温泉施設。肌にしっとり馴染む無色透明の湯は「若返りの湯」と呼ばれ親しまれている。町営施設なので利用料も手頃で、地元の人々と気軽に触れ合えるのもこの温泉の魅力。

温泉Data

- 泉源など●源泉、循環、加温
- 泉質●重炭酸ナトリウム泉
- pH値●8.6（アルカリ性泉）
- 源泉温度●21.2℃
- 効能●胃腸疾患、リウマチ、神経痛、痛風、やけど、皮膚病など

川根本町 ♨ 接岨峡温泉

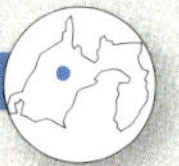

接岨峡温泉会館《せっそきょうおんせんかいかん》

- ☎ 0547・59・3764
- 榛原郡川根本町梅地175-2
- 10:00～20:00
- 休 第1・3木曜
- 【温泉】大人（高校生以上）400円、子供（小・中学生）200円【客室休憩】大人600円、子供300円（2時間以内・入浴料に加算）※2時間以上の場合は大人900円、子供450円
- 1977年開業 ●内湯＝男1・女1
- 新東名島田金谷ICから56㎞／大井川鐵道井川線接岨峡温泉駅から徒歩15分

大正ロマンと和の情緒が融合した、クラシカルな雰囲気が漂う旅館。湯は無色透明で、肌にやさしいなめらかな泉質が特徴。露天風呂から眺める山の景色も雄大だ。休憩室では冷たい川根茶が味わえる。

温泉Data

- 泉源など●源泉、かけ流し（一部）、循環（一部）、加温
- 泉質●単純硫黄泉
- pH値●9.1（アルカリ性泉）
- 源泉温度●42.7℃
- 湧出量●毎分約640ℓ
- 効能●神経痛、筋肉痛、関節痛、運動麻痺、慢性皮膚病、疲労回復など

川根本町 ♨ 寸又峡温泉

翠紅苑《すいこうえん》

- ☎ 0547・59・3100
- 榛原郡川根本町千頭279
- 11:30～20:00
- 休 無休※メンテナンスで休みとなる場合あり
- 【温泉】大人（13歳以上）500円、子供（4～12歳）300円【入浴＋昼食】2500円【入浴＋昼食＋部屋休憩】5000円【1泊2食】13650円～
- 1962年開業 ●露天＝男1・女1 ●内湯＝男1・女1 ●貸切＝2
- 新東名島田金谷ICから60㎞／大井川鐵道千頭駅からバスで40分「寸又峡温泉入口」下車徒歩1分

人工炭酸泉のラムネ風呂も人気

深い緑に囲まれた瀬戸川の清流に近いロケーション。ガラス張りの大浴場や露天風呂、人工炭酸泉などもある。食事処では味噌味のチーズ入りコロッケ「ゆらコロ」が好評。農産物直売所「ちょっくら」でのお土産選びも楽しい。

温泉Data

泉源など●源泉（一部）、かけ流し（一部）、循環、加温、加水（一部）
泉質●ナトリウム-炭酸水素塩・塩化物泉
pH値●8.3（弱アルカリ性泉）
源泉温度●31.8℃
湧出量●毎分約28.8ℓ
効能●打ち身、冷え症、筋肉痛、関節痛、疲労回復など

藤枝市 ♨ 瀬戸谷温泉

瀬戸谷温泉ゆらく《せとやおんせん ゆらく》

054・639・1126
藤枝市本郷5437
9:00～21:00（最終入館20:30）
月曜（祝日営業、翌日休み）
【温泉】大人（中学生以上）510円、子供（3歳～小学生）300円
2003年開業 ●露天＝男1・女1 ●内湯＝男1・女1 ●その他＝ラムネ風呂（人工炭酸泉）・サウナ・水風呂
藤枝バイパス谷稲葉ICから10㎞／JR藤枝駅から藤枝市自主運行バスで35分「瀬戸谷温泉ゆらく前」下車すぐ

寄り道どころ

藤枝周辺

ハンモックに揺られてのんびりと

ベトナム人オーナーのタントゥさんが営むカフェ。ティータイムのお薦めは「ベトナムコーヒー」、「ベトナムチェー」各400円など。ランチは予約制で、フォーまたはハーブシチューに生春巻・揚春巻・蓮茶が付いたセット1200円が味わえる。

ベトナムハンモックカフェ **Raiち**《らいち》

090・9896・7989
藤枝市瀬戸ノ谷5639
11:30～16:00（なくなり次第終了）
不定休
Ｐ あり

5色全部試したくなる「金つば」

大正9年創業の老舗。一番人気は初代の味を受け継ぐ「おきせきんつば」120円。よもぎ入りの「草」120円、岡部の玉露を使った「茶」、蓮華寺池公園の藤の花のパウダーをまぶした「藤」、粒栗入りの「栗」などの変わり金つば（各130円）も見逃せない。

おきせ金つば本舗

054・641・0379
藤枝市藤枝4-2-8
10:00～19:30
不定休
Ｐ あり

森林浴と温泉浴が同時に楽しめる
森林乃湯

ヤマハリゾートつま恋の中にあり、丘の斜面を活かした立体的な設計が特徴。風呂は池のほとりに突き出た「眺望の湯」や「ひのき風呂」、「お茶風呂」、30人が楽に入れる「眺望サウナ」など多彩。

温泉Data

泉源など●源泉(一部)、循環、加温、加水
泉質●ナトリウム-塩化物泉
pH値●7.6(弱アルカリ性泉)
源泉温度●34.3℃
湧出量●毎分約29.4ℓ
効能●神経痛、関節痛、慢性消化器病、痔疾、慢性婦人病、冷え症など

掛川市 ♨

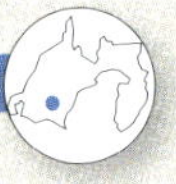

掛川つま恋温泉

森林乃湯《しんりんのゆ》

0537・24・2641
掛川市満水2000

10:00~23:00(最終入館22:30)
休 無休※年2回施設点検による休館あり
【温泉】大人(中学生以上)1030円、子供(小学生)510円
2000年開業 ●露天=14 ●内湯=6(日替わりの男女入れ替え制)
東名掛川ICから6㎞/JR掛川駅から車で15分

保温効果の高い茶褐色の湯

名前の由来は遠州七不思議の一つ「子生れ石」伝説から。地下1200mから湧く温泉は保湿性が高く、肌がすべすべになると評判だ。露天風呂、内湯のほか、予約制で貸切にできる「家族風呂」もある。

温泉Data

泉源など●源泉、かけ流し(一部)、循環(一部)、加温
泉質●ナトリウム-塩化物泉
pH値●7.97(弱アルカリ性泉)
源泉温度●36.2℃
湧出量●毎分約51ℓ
効能●神経痛、筋肉痛、関節痛、冷え症など

牧之原市 ♨

さがら子生れ温泉会館《さがらこうまれおんせんかいかん》

0548・54・1126
牧之原市西萩間672-1

10:00~22:00
休 第2火曜※3·6·9·11月は第2火·水·木曜
【温泉】大人(13歳以上)550円、子供(3~12歳)300円※4時間まで。1日利用は大人1000円、子供600円
2005年開業 ●露天=男1·女1 ●内湯=男1·女1 ●貸切=1 ●その他=変わり湯(アロエ、ひのき、杖忘れ、花香水、生姜&唐辛子など週替わり)
東名相良牧之原ICから4㎞/JR金谷駅からバスで30分「子生れ温泉会館前」下車徒歩1分

火曜は男性、水曜は女性が20%オフ

明治時代の数寄屋造りの建物が残る老舗旅館の湯は、肌がしっとりつるつるになると評判の「美人の湯」。京風月替わり懐石料理や名物の猪鍋、お茶しゃぶしゃぶなどが味わえる食事付きのプランもお薦めだ。

温泉Data

泉源など●源泉、かけ流し（一部）、循環（一部）、加温
泉質●単純硫黄泉
pH値●9.5（アルカリ性泉）
源泉温度●20.1℃
湧出量●毎分約10.7ℓ
効能●糖尿病、神経痛、関節痛、運動麻痺、冷え症、慢性消化器病など

掛川市 ♨ 倉真温泉

真砂館《まさごかん》

0537・28・0111
掛川市倉真5421
10:30〜17:30
休 不定休
【温泉】大人（12歳以上）1000円、子供（0〜11歳）500円【入浴＋昼食＋部屋休憩】5940円〜【1泊2食】14040円〜
1894年開業 ●内湯＝男1・女1 ●貸切＝1
東名掛川IC・新東名森掛川ICから各13km／JR掛川駅からバスで25分「倉真温泉前」下車すぐ

寄り道どころ

掛川周辺

小麦が香る 旬がつまったベーカリー

田園風景に佇むベーカリーは、小麦の風味がダイレクトに伝わる味わい深いパンが自慢。バゲットやカンパーニュをはじめとする定番からスイーツ系まで揃い、惣菜パンには自家菜園の無農薬野菜を使用している。

ベーカリーカフェ **ポワポワ**

0537・24・4107
掛川市初馬278-1
10:00〜18:00
休 月曜、不定休あり　P あり

畑直送の新鮮野菜は 早いもの勝ち!

掛川周辺の農家が持ち込む採れたて地場野菜が、所狭しと並ぶ野菜コーナーは連日大賑わい。種類が豊富で価格も手頃なので遠方からの常連客も多い。うるち米のお餅「おはたき」やハム・ソーセージなどはお土産にも良さそう。

道の駅 掛川

0537・27・2600
掛川市八坂882-1
9:00〜17:00
休 第2月曜
P あり

入浴+ランチバイキングがお得

解放感あふれる「桧風呂」や庭園に造られた「露天風呂」、自然石を配した「岩風呂」など18種類の風呂が揃う県下最大の広さを誇る日帰り温泉。湯は保温・保湿効果が高いと好評。館内着の無料貸し出しもうれしい。

温泉Data

泉源など●源泉、かけ流し（一部）、循環、加温、加水
泉質●ナトリウム・カルシウム-塩化物泉
pH値●7.13
源泉温度●26.8℃
湧出量●毎分約50ℓ
効能●神経痛・関節痛など

浜松市 ♨ 浜名湖かんざんじ温泉

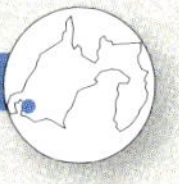

華咲の湯《はなさきのゆ》

053・487・0001
浜松市西区舘山寺1891

10:00～23:00
不定休
【温泉】大人（中学生以上）1280円、子供（3歳～小学生）750円※土・日曜、祝日は大人1500円、子供860円【入浴+ランチバイキング】大人3402円～、小学生2376円～、3歳～未就学児1944円～
2009年開業 ●露天=男6・女6 ●内湯=男3・女3 ●その他=サウナ・ミストサウナ
東名浜松西ICから8㎞／JR浜松駅からバスで50分「舘山寺温泉」下車徒歩1分

保湿効果が高いと評判のぬるぬる湯

原野谷川がそばを流れる山間の温泉施設。大尾山などの山々が望め、解放感に癒やされる。休憩室や食堂が併設され、売店では地元で採れた新鮮野菜を販売しているのでお土産にしてもいい。

温泉Data

泉源など●源泉、かけ流し（一部）、循環、加温、加水（一部）
泉質●ナトリウム-塩化物泉
pH値●8.0（弱アルカリ性泉）
源泉温度●39.8℃
湧出量●毎分約117ℓ
効能●神経痛、筋肉痛、関節のこわばり、慢性婦人病、慢性皮膚病など

掛川市 ♨

森の都温泉 ならここの湯

0537・20・3030
掛川市居尻179

10:00～21:00（最終入館20:00）
第1・3火曜
【温泉】大人（13歳以上）510円、子供（3歳～12歳）300円
2003年開業 ●露天=男1・女1 ●内湯=男1・女1 ●貸切=1（家族風呂）
新東名森掛川ICから13㎞／JR掛川駅からバスで30分「泉」下車すぐ

テラスの船型陶器風呂から絶景を満喫

弁 天島駅のすぐ目の前にある、オーシャンビューが自慢のリゾートホテル。最上階の天然温泉「空中露天風呂」からは浜名湖のシンボル・弁天島大鳥居も見える。夕陽に染まる浜名湖の絶景は一見の価値ありだ。

温泉Data

泉源など●源泉(一部)、かけ流し(一部)、循環(一部)、加温(一部)、加水(一部)
泉質●ナトリウム・カルシウム-塩化物冷鉱泉
pH値●7.4
源泉温度●19.2℃
湧出量●毎分約403ℓ
効能●神経痛、関節痛、慢性消化器病、慢性婦人病、疲労回復など

浜松市 ♨ 浜名湖弁天島温泉

HAMANAKO BENTEN RESORT THE OCEAN《はまなこ べんてん りぞーと じ おーしゃん》

053・592・1155
浜松市西区舞阪町弁天島3285-88
15:00〜24:00※水曜は17:00〜24:00
休 無休
【温泉】大人(12歳以上)1000円、小人(6〜11歳)500円【デイユースプラン・4時間】6000円(2人1室・1日5組限定)※土・日曜、祝日は7000円【1泊2食】9000円〜
2011年開業 ●露天=男1・女1 ●内湯=男1・女1
東名浜松西ICから12㎞/JR弁天島駅から徒歩1分

寄り道どころ

浜松市西区周辺

人気を二分する「ざる」と「田舎」

そば屋とは思えないログハウス風の建物が目印。自家製粉の挽きぐるみ粉を使う「田舎そば」800円は、豊かな風味が魅力。そば焼き味噌と天ぷら、さらに田舎とざるの合い盛り、そばアイスまで付くフルコース「そば膳」2000円もお薦めだ。

手打ちそば処 **ふじ花《ふじはな》**
053・487・2240
浜松市西区白洲町266
11:30〜14:00
休 木・金曜
P あり

浜名湖のほとりでハンバーガー&BBQ

牛肉100%のハンバーガーやロコモコなどが味わえる、アメリカンダイナー。浜名湖を目の前に食べる「リーダー特製バーガー」(各種950円〜)の味は格別だ。夏限定のBBQメニュー「国産牛鉄板焼きセット」2980円も人気。

FOOD & DRINK **LEADER《りーだー》** 弁天島店
053・596・1873
浜松市西区舞阪町弁天島3775-10 2F
11:30〜15:00LO※BBQは要予約、19:00以降は15人以上の貸切で対応可
休 水曜 P あり

寄り道どころ

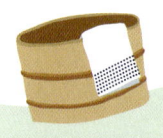

掲載施設50音別INDEX

温泉・温泉施設

企画・編集　静岡新聞社 出版部

スタッフ
海野しほこ・飯田奈緒・梶歩・権田記代子
桜田亜由美・鈴木和登子・高岡基・瀧戸啓美
忠内理恵・日吉景子・永井麻矢・深澤二郎
御宿千香子・水口彩子・溝口裕加・望月やすこ

デザイン・制作
komada design office
（表紙、P1～7、10～11、28～29、50～51、60～63、
84～91）
塚田雄太

ぐるぐる文庫Special　日帰り0泊温泉
2014年9月24日　初版発行

著　者　静岡新聞社
発行者　大石　剛
発行所　静岡新聞社
〒422-8033　静岡市駿河区登呂3-1-1
TEL 054-284-1666

印刷・製本　大日本印刷株式会社
©The Shizuoka Shimbun 2014 Printed in japan
ISBN978-4-7838-1955-4 C0076

＊定価は裏表紙に表示してあります。
＊本書の無断複写・転載を禁じます。
＊落丁・乱丁本はお取り替えいたします。

好評既刊

ぐるぐる文庫　本体800円＋税（「しずおか蕎麦三昧」は本体1200円＋税）

もっと静岡が好きになる。楽しくなる！ぐるぐる文庫

定番から変わりダネ
メガ盛りまで全50杯！
静岡 名物丼本

静岡県の人気バイキング
＆ビュッフェ40軒
食べ放題本

静岡県「すし」の名店34選
鮨本

特別な日に出かけたい
ちょっと贅沢な36選
大人の美食レストラン

粋に楽しむ。
技を味わう名店72選
しずおか蕎麦三昧

蕎麦好きが通う旨い店
蕎麦本

しずおか和本舗
甘味本

港町の激旨・庶民派！
食堂＆市場めし
港食堂本

これぞしぞ～か人の
ソウルフードだ。
B級ご当地グルメ本 静岡

県内21駅＋近隣6駅
徹底取材！
しずおか道の駅本

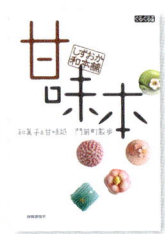